The Formation of the Competitive
Neutrality Principle and
Its Implementation in China

竞争中性原则的
形成及其在中国的实施

巴曙松　谌　鹏　等◎著

厦门大学出版社　国家一级出版社
XIAMEN UNIVERSITY PRESS　全国百佳图书出版单位

图书在版编目(CIP)数据

竞争中性原则的形成及其在中国的实施/巴曙松,谌鹏等著.—厦门:厦门大学出版社,2021.1
ISBN 978-7-5615-8007-3

Ⅰ.①竞… Ⅱ.①巴… ②谌… Ⅲ.①进出口贸易商用规则—研究 Ⅳ.①F746

中国版本图书馆 CIP 数据核字(2020)第 236357 号

出 版 人	郑文礼
策划编辑	宋文艳
责任编辑	吴兴友
封面设计	李夏凌
技术编辑	朱 楷

出版发行 厦门大学出版社

社　　址 厦门市软件园二期望海路 39 号
邮政编码 361008
总　　机 0592-2181111　0592-2181406(传真)
营销中心 0592-2184458　0592-2181365
网　　址 http://www.xmupress.com
邮　　箱 xmup@xmupress.com
印　　刷 厦门集大印刷厂

开本　720 mm×1 000 mm　1/16
印张　15.25
字数　197 千字
版次　2021 年 1 月第 1 版
印次　2021 年 1 月第 1 次印刷
定价　68.00 元

本书如有印装质量问题请直接寄承印厂调换

厦门大学出版社
微信二维码

厦门大学出版社
微博二维码

前　言

　　在经济转型发展的新阶段,国有企业改革是中国当前持续深入推进的重要改革任务之一,竞争中性原则也已不是新生概念,当今全球化进程因为种种原因受阻,贸易保护主义在局部抬头,WTO体系面临瘫痪,"碎片化"的区域性国际经贸规则虽已见雏形,但尚在探索之中。此时,进一步研究竞争中性原则,一方面有利于推动国有企业深化改革,促进形成更加完善、公平竞争的市场环境;另一方面,也将更加有利于对接国际高标准经贸规则,以更高的开放水平促进形成国内国际双循环相互促进的新发展格局。

　　在动荡的国际经济环境下,2020年11月RCEP顺利签署,中国也已经宣布会积极考虑加入CPTPP,这彰显出中国积极推进全球化的战略定位,也对竞争中性课题的研究提出了更高的要求。实际上,竞争中性原则目前已经成为部分国家以及区域性国际条约的重要组成部分,其具体应用也呈现为多种模式和路径,这也为从中国经济转型发展需求出发的中国国有企业改革提供了不同的借鉴方案。以竞争中性原则对国家及各部门涉及国企改革政策和职责深化改革,将竞争中性原则的内容甄别吸收,对竞争中性原则的实施进行顶层设计,是平衡中国国有企业短期利益和长远利益无法回避的课题;这其中,竞争中性原则与国有企业未来改革关键领域紧密相关，包括厘清政府与国企关系，政府对国企的财税、金融安排，政府采购，市场准入，以及政府对国企的监管等问题。

此书起步于一个相关课题的研究。深圳博源经济研究基金会一直提供大力支持，本书即为项目组进行梳理和思考的一个阶段性成果。特别要感谢的是，秦晓先生和何迪先生除了积极提供专业的指导意见外，还专门组织了在这个领域有深入研究的多位专家对初稿进行讨论，提出了许多有价值的意见，这些专家包括：胡德平、陈清泰、周其仁、马晓野、何东、赵昌文、梁红、张燕生、马骏、陈玲等。同时，报告初稿也内部呈送中央财经委员会办公室、中国人民银行等相关机构的专家提出修订意见。这些意见促使本书的研究不断改进。

初期项目组的各位研究人员完成了大量基础性工作，包括初稿撰写以及资料的整理工作，由巴曙松教授拟订整个研究框架，不同章节初稿的撰写人员分别为：第一章，巴曙松、谌鹏、李若曦；第二章，李若曦；第三章，巴曙松、胡君、李若曦；第四章，史新祥、李若曦；第五章，李若曦、孙迪；第六章，程玉伟、李若曦；第七章，巴曙松、程玉伟、李科。在初稿的基础上，巴曙松教授组织项目组对全书进行多次调整和修订，逐步形成呈现在广大读者面前的版本。本书重点聚焦在对国际经验和案例的梳理和总结，并对发展趋势及适用效果进行研判，但也难免挂一漏万，如有不妥之处，敬请广大读者批评指正，以期进一步促进各界对竞争中性课题的研究，从而为中国顺利加入各项区域经贸合作协定奠定坚实基础，也为促进中国的企业改革深化提供新的思路。

巴曙松

2020 年 12 月

摘　要

　　当前,世界政治经济格局正在深度调整转型,同时,中国也处在转变经济发展方式、转换增长动力、优化经济结构的攻关期。如何通过对接国际高标准经贸规则,进一步扩大对外开放;通过深化国有企业等方面的改革,增强经济增长的内生动力,成为当前亟须解决的现实性问题和改革关键领域。

　　经济合作与发展组织(Organization for Economic Co-operation and Development,以下简称 OECD)①认为,竞争中性是指在市场经济中任何经营实体都不应受不适当的竞争优(劣)势的制约。"竞争中性是指这样一个规则框架,即国有企业应遵循与私营企业相同的市场竞争规则,不能凭借其与政府之间的关系获得优于其他市场参与者的特殊竞争优势。"目前,中国经济国际化进程中所遇到的阻力与国有企业改革紧密相关,适用竞争中性原则既能成为深化国企改革的突破口,又能促进中国从政府主导产业政策向政府中性竞争政策转型。

---

　　①　OECD. Competitive Neutrality: Maintaining a Level Playing Field between Public and Private Business[R]. OECD Publishing, 2012.

一、竞争中性原则已经快速成为国际区域（双边）贸易协议中的重要组成部分

目前,竞争中性原则已经成为《全面与进步跨太平洋伙伴关系协定》(Comprehensive Progressive Trans-Pacific Partnership,以下简称 CPTPP)[①]、《美加墨贸易协定》(United States-Mexico-Canada Agreement,以下简称 USMCA)[②]、《欧盟运行条约》(TFEU)等国际重要多边(区域)经贸协定的重要章节。据不完全统计,截止到 2019 年 7 月底,通过上述多边(区域)经贸协定的形式,全球已经有 40 多个国家适用竞争中性原则[③]。同时,美国、澳大利亚与韩国、以色列、智利等 18 个国家[④]签署双边 FTA 强调或蕴含了竞争中性原则,体现了美国期望通过主导双多边 FTA 赋予竞争中性国际法约束力的意图,而在欧盟的应用实践中,则体现为以竞争法形式在区域内实施竞争中性原则。

总结竞争中性原则的应用模式,可分为 OECD 模式、美国模式及欧盟模式三种架构设置。此三种模式在适用范围、执行模式、规范强度上存在

[①]　CPTPP 第 17 章. State-owned enterprises and designated monopolies, https://www. international. gc. ca/trade-commerce/trade-agreements-accords-commerciaux/agr-acc/cptpp-ptpgp/chapter_summaries-sommaires_chapitres.aspx? lang＝eng,最后访问时间 2019 年 8 月 20 日。

[②]　USMCA 第 22 章. State-owned enterprises, https://ustr. gov/trade-agreements/free-trade-agreements/united-states-mexico-canada-agreement/agreement-between,最后访问时间 2019 年 8 月 20 日。

[③]　包括 CPTPP 以及 USMCA 的缔约国日本、加拿大、澳大利亚、智利、新西兰、新加坡、文莱、马来西亚、越南、墨西哥、秘鲁、美国;欧盟成员国包括奥地利、比利时、保加利亚、塞浦路斯、克罗地亚、捷克共和国、丹麦、爱沙尼亚、芬兰、法国、德国、希腊、匈牙利、爱尔兰、意大利、拉脱维亚、立陶宛、卢森堡、马耳他、荷兰、波兰、葡萄牙、罗马尼亚、斯洛伐克、斯洛文尼亚、西班牙、瑞典。

[④]　例如,美国与澳大利亚签署的 FTA 第 14 章中规定了相关内容,U.S.-Australia FTA, ARTICLE 14.4 : STATE ENTERPRISES AND RELATED MATTERS,https://ustr.gov/trade-agreements/free-trade-agreements/australian-fta/final-text,最后访问时间 2019 年 8 月 20 日。

差异。

OECD 推动竞争中性从国内法转变为国际软法。澳大利亚是第一个以法律形式提出竞争中性原则的国家,旨在消除国内各州间的市场分割。① 此后,OECD 作为最早对竞争中性进行研究的国际性组织,把为国际市场创造公平竞争环境作为其最终目的,在这一目标的指导下重新审视现有的法律和法规,使任何企业不得拥有非中性的竞争优势。

2005 年至 2015 年间,OECD 共发布了十份以竞争中性为主题的报告和指南②。OECD 倡导的竞争中性模式,既涉及国家与国企之间的关系,又涉及国企内部治理结构改革的问题。虽然 OECD 诸份报告中并未对国有企业的概念进行清晰界定,但是其基于创造公平竞争市场环境的初衷和自由市场准则,认为国有企业是使"政府能够有效控制的企业",并认为适用竞争中性原则的国有企业应当是参与经济活动或从事商业活动的企业,同时中央控制和地方政府控制的不同层次的参与经济活动或从事商业活动的企业均应纳入其中。

2012 年 OECD 发布了《竞争中性:经合组织建议、指南与最佳实践纲要》(Competitive Neutrality: A Compendium of OECD Recommenda-

---

① 1995 年,澳大利亚将竞争中性制度纳入国家竞争政策(National Competition Policy),主要表现为:第一,全面适用《1974 年贸易行为法》(Trade Practices Act 1974)[(现为《2010 年公平竞争与消费者保护法》(The Competition and Consumer Act 2010)]中的竞争行为准则;第二,对限制竞争的法律法规进行审查和修订;第三,引入竞争中性政策;第四,要求设备所有者向竞争者开放使用权;第五,建立价格监管制度。

② 分别为 2005 年《经合组织国有企业公司治理指引》;2009 年《国有企业与竞争中性原则》;2010 年《问责和透明度:国家所有权指南》;2011 年《澳大利亚的竞争中性和国有企业:实践回顾及对其他国家的启示》;2011 年《竞争中性和国有企业——挑战和政策选择》;2012 年《竞争中立:各国实践》《竞争中性:维持国有企业和私有企业公平竞争的环境》《竞争中性:经合组织建议、指南与最佳实践纲要》;2013 年《国有企业:贸易效应与政策影响》;2015 年《经合组织国有企业公司治理指引》。

tions, Guidelines and Best Practices）①，该报告总结了实现竞争中性需要国家主管部门推动优先解决的八个问题：第一，精简国有企业的运作形式；第二，确定国有企业践行特殊职责的直接成本；第三，确定政府适当的商业回报率；第四，履行公共服务的义务；第五，税收中性；第六，监管中性；第七，债务中性和直接补贴；第八，公共采购。尽管 OECD 试图将竞争中性的政策工具类型化并上升为指导性意见，但就其效力来说也仅能算作国际软法，无法强制成员国遵守。

美国主导区域（双边）国际协定赋予竞争中性原则以国际法约束力。纵观 TPP/CPTPP、USMCA 以及美欧等签订的双边协议，竞争中性原则主要体现为规范国有企业参与竞争过程中的国家行为，这与 OECD 指引中的体例完全不同。

在 CPTPP 的第十七章"国有企业与指定垄断"（State-Owned Enterprises and Designated Monopolies）②中规定的内容主要包含三个方面：一是明确国有企业市场行为准则，即市场行为要完全基于"商业考虑"和"非歧视性原则"进行，以确保缔约方不向国有企业提供非商业性支持③，并且

---

① 见 Competitive Neutrality：A compendium of OECD Recommendations, Guidelines and Best Practices，http://www.oecd.org/daf/ca/50250955.pdf，最后访问时间 2019 年 8 月 21 日。

② CPTPP 第 17.1 条定义中规定："国有企业，指主要从事商业活动的企业，在该企业中缔约方：（a）直接拥有超过 50% 的股本；（b）通过所有权益，控制超过 50% 的投票权的行使；或（c）有权任命董事会或其他类似管理机构的大多数会员。"指定垄断企业是指本协定生效后指定的私有垄断企业，以及缔约方指定或已经指定的任何政府垄断企业。协议原文：State-owned enterprise means an enterprise that is principally engaged in commercial activities in which a Party：（a）directly owns more than 50 per cent of the share capital；（b）controls, through ownership interests, the exercise of more than 50 per cent of the voting rights；or（c）holds the power to appoint a majority of members of the board of directors or any other equivalent management body. designated monopoly means a privately owned monopoly that is designated after the date of entry into force of this Agreement and any government monopoly that a Party designates or has designated.

③ 此处，"非商业性支持"的含义类似于 WTO 一揽子协定中《补贴与反补贴协定》中"补贴"这一概念。

不会对国际市场上的其他缔约方产生不利影响。二是透明度原则,其中包括要求缔约方定期(每年更新)公布国有企业名单、应其他缔约方提出的相关问题进行回应以及提供信息①。三是成立保证竞争中性原则实施和促进相关事项协商的专门机构——国有企业与指定垄断委员会。但同时,CPTPP相关章节还包括两个特殊规定,一是针对所有成员的一般规定的例外规定,二是针对特别成员的特殊规定。②

尽管新的国际多边贸易规则中针对国有企业没有采用澳大利亚和OECD指引中提到的"竞争中性"或类似术语,但也同样体现了公平竞争的意旨,③这意味着竞争中性原则开始被纳入多边贸易协议体系。

欧盟以竞争法模式保持区域内竞争中性的实现。欧盟框架中竞争中性原则包含在综合竞争政策与竞争法中,主要体现为建立控制国家(政府)对国有企业的援助制度。2009年生效的《欧盟运行条约》(Treaty on the Functioning of the European Union,TFEU)最新修订版第106条要

---

①　此处的相关信息包括国家(政府)在国有企业中所占的股比、投票权比例或持有的特殊股票或股权、董事会成员的政府职务、国有企业最近三年的总收入和总资产、依据本国法律享受的豁免或例外。

②　CPTPP规定,凡属于例外规定情况的国有企业或成员方,不适用本规则。一般例外包括:(1)不适用于没有达到适用门槛的国有企业和指定垄断企业,及在前三年连续的财务年度中的任何一年的年收入超过2亿SDR(约合1.44亿美元)的国有企业或指定垄断企业。(2)不适用于公共服务型国有企业;(3)不妨碍缔约方的相关机构行使国家政策或监督职能;(4)在特定情况下不适用于缔约方的主权财富基金;(5)在特定情况下不适用于缔约方的独立养老基金,或缔约方的独立养老基金拥有或控制的企业;(6)不适用于政府采购;(7)不适用于投资者—东道国的争端解决机制;(8)特定条款不适用于在行使政府职能时提供的任何服务;(9)特定条款不适用于与不符措施相关的购买和销售货物或服务;(10)特定条款不适用于经济危机或根据政府授权提供特定金融服务的情况。特殊例外包括:(1)对"次中央政府"(指一缔约方的地区和地方层级的政府)国有企业和指定垄断的适用作出了规定,此点与OECD主张的覆盖所有级别国有企业不同;(2)针对特定成员(比如新加坡和马来西亚),专门制定了附件;(3)成员对不符措施的安排;(4)特殊附件中的其他灵活性,如GIC、Temasek、Pemodalan Nasional、Khazanah公司享受的为期两年的有关争端解决条款的优惠。

③　参见石伟."竞争中性"制度的理论和实践[M].法律出版社,2017:P39.

求所有企业均需遵守欧盟层面的竞争规则。第107条将欧盟国家对企业提供的援助分为三类：第一类为"与共同体市场相抵触的国家援助"，这一类援助被严格禁止；第二类为"可能与共同体市场相抵触的国家援助"，这类援助需要由欧盟理事会或委员会来决定是否被禁止；第三类为"与共同体市场相协调的国家援助"。此外，欧洲理事会的行政条例、一系列欧盟委员会的指令、指南、决定、通告、公告以及欧洲法院和普通法院的判例共同构成了庞大、复杂、完备的援助控制体系。

可以看出，欧盟将"竞争中性原则"以主要体现为竞争法的形式规定，主要目标是保证内部市场的开放与自由公平竞争，尤其是确保成员国之间商业活动的平等性、平衡性与协调性。换言之，一味地提高企业间的竞争水平并非欧盟竞争法的目的，促进统一市场的形成才是其最终诉求。

二、中国国有企业参与市场竞争"非中性"的表现

1.财政补贴分配不公

政府补贴根据提供补贴主体的不同，可以划分为中央财政补贴和地方财政补贴两大类。在市场竞争中政府应该平等对待国有企业和民营企业（包括享受到的政府补贴方面），但是由于不合理的地方政府政绩考核和激励机制，地方保护主义盛行，从而难以确保在提供补贴时平等对待国有企业和民营企业。从财务报表相应科目加总测算①的结果来看，2019年，A股上市公司共获得各类形式的政府补贴2 396.72亿元。其中，中央国有企业所获政府补贴金额的均值为1.9亿元，地方国有企业获得政府补贴的金额均值为0.76亿元，民营企业获得政府补贴的均值为0.34亿元；

---

①　政府补贴以2018年A股上市公司财务报告细分科目中的其他收益、政府补助、补贴收入、财政返还加总计算，按企业性质对获得的政府补贴金额进行加总，计算均值和补贴/资产比。

同时,中央国有企业补贴/资产比为 0.09％,地方国有企业补贴/资产比为 0.29％,而民营企业补贴/资产比仅为 0.07％。这种很难保证在补贴时平等对待不同性质的企业。然而,不对等的政府补贴会造成国有企业相对于其他类型的企业获得较明显的竞争优势,进而改变原有的自由市场运行机制。

2.政府存在隐性担保

与其他类型的企业相比,国有企业更易获得来自地方政府的隐性担保,因此融资成本相对较低。2019 年 A 股上市企业债券发行融资数据显示,在各个评级的债券风险溢价中,大多数国有企业的风险溢价显著低于同级别的其他类型企业(50bp 左右)。国有企业融资成本相对较低的主要原因,就是能够轻易获得来自地方政府的隐性担保。

3.融资门槛参差不齐

银行信贷是中国企业最主要的融资来源。在国有企业的信用评级达不到银行要求或者缺乏足够担保的情形下,国有企业可以凭借其先天优势对国有以及股份制银行信贷审批部门施加影响压力,促使银行的信贷额度与定价向自身倾斜。

经财务报表科目加总测算[①],2016 年至 2018 年,A 股上市公司中的国有企业平均融资额从 7.9 亿元上升到 11.1 亿元,而民营企业则从 1.7 亿元下降到 0.96 亿元;公司债和企业债方面,2018 年共有 1 084 只非金融企业债券发行,发行规模为 1.23 万亿,其中民营企业发行规模仅为 2 427.23 亿元;民营企业相对于国有企业的债券发行融资利差从 2016 年的 82bp 扩大到 2018 年的 148bp。

4.政府干预行业垄断

诸多行业都存在事实上的行业垄断行为,例如在开采辅助活动行业

---

① 企业融资额以企业当年新增长期借款、新增应付债券、新增长期应付款加总计算,并按企业性质加总计算各类企业平均融资额。

中,虽然非国有企业数量占行业数量的 80.77%,市场份额却不足 20%,相反,剩余的 80% 的市场份额均被行业内 20% 的国企占据;类似的,在石油和天然气开采业中,国企市场份额远远超过 80%,高达 84.3%。[①]

5.市场准入限制较多

目前在深化改革开放的背景下,针对外资企业和民营企业仍存在较多的市场准入限制,譬如:证监会对外资持股比例限制、单个境外投资者持股比例限制(不得超 10%)、所有境外投资者的持股比例限制(不得超过 30%)等等。

三、中国实施竞争中性原则的内容和路径探析

竞争中性原则的具体推进措施需根据国企的类型实施。国企可分为竞争性国企、公益性国企和国家战略性国企。一方面,首先明确国企的公益性和竞争性,单独列出与国家重要发展战略息息相关的竞争性国企。然后,根据国企具体类型采取具有阶段适用性的针对性措施。另一方面,在贯彻落实竞争中性原则的初期阶段,需尽量给予公益性国企和国家战略性国企足够的过渡空间。在实施的中后期阶段,再逐渐根据国家战略目标和行业发展的阶段性特征进行分类调整。

在竞争中性原则实施内容方面,建议从要素获取、市场准入、经营运营、政府采购与招标等方面构建中国竞争中性规则体系。

1.在要素获取方面

争取三方面中性原则:(1)补贴中性。提高国有企业透明度,明确国有企业和公共机构的关系;对公益类国有企业进行明确的界定、列明清单或以排除性规定的模式来实现所有企业公平待遇,并兼顾国有公益性企

---

① 数据来源为国家统计局网站 http://data.stats.gov.cn/easyquery.htm? cn=C01,经作者整理。

业的实际运作;将公平竞争审查制度法律化;通过单行法的形式明确规定政府补贴的程序和规则,主要内容可包括透明度、补贴申报、对竞争的影响与评估等。(2)税收中性。优化对现行税法的实体性条款和程序性条款的结构安排,提升税收的确定性。(3)贷款中性。为国有企业提供融资时,保证融资利率与市场利率相一致,更好地利用市场在信贷资源配置中的作用。

2.在市场准入方面

确保市场竞争公平有序,构建内外资企业一视同仁、公平竞争的营商环境。采用市场准入负面清单,列举禁止类清单和限制类清单,规范政府与市场的关系,界定政府与市场的行为边界,划分政府与市场的权利和责任;明确审批条件和流程,减少自由裁量权,降低企业市场准入、审批许可、投资经营等方面不必要的隐性壁垒。

3.在经营运行中性方面

借鉴国际条约中的"商业考量因素",在价格、质量、可供性(availability)、适销性(marketability)等方面构建法律规则,促进国有企业与非国有企业在合法层面上开展公平竞争。在国企改革中,平等对待所有股东和其他投资者,避免权利滥用、不当关联交易,杜绝具有偏袒性的业务决策等和控股股东变更。

4.在增加透明度方面

健全信息披露制度,保证制度的竞争性和非歧视性,对政府采购的程序进行披露。对国有企业的经营、财务、股权分布等情况进行公示,向社会公众公开企业盈亏状况、财务审计状况等信息,进一步增强国有企业的透明度。

在竞争中性原则的实施路径方面,建议通过法律手段,推动竞争中性原则的实现。一是只有在法律位阶上,保证从上至下、贯穿式地适用竞争中性原则,才能确保市场经营环境的公平性。建议在《宪法》中更加明确地提出市场主体的竞争中性原则;在《公司法》中修正国有企业相关规定;在《反垄断法》《反不正当竞争法》中明确竞争中性的具体规则等等。同时,必须完善竞争法律,保障外部环境,将合理豁免等事项列入国家或地方的特定市场,以确保社会公共利益不受损,并且积极监督豁免之后产生的限制竞争行为。二是建议我国一方面积极参与 OECD 关于竞争中性的研究工作和指南制定;另一方面,在中国与"一带一路"沿线国家签订或更新自由贸易区协议时,主动就竞争中性原则的内涵及判断标准达成共识。

在竞争中性原则实施的影响方面,实证研究表明,竞争中性原则通过影响政府补贴、政府隐性担保降低了部分企业的竞争力,但是提高了整个社会的资源配置效率,同时竞争中性原则不会通过政府采购影响企业的竞争力。

(1)政府补贴方面。政府补贴虽然降低了整个社会的资源配置效率,但是对部分企业的盈利能力影响显著。政府补贴/总资产比率每降低1%,国有企业资产收益率降低 0.35%,其他类型企业资产收益率降低0.27%。竞争中性原则要求取消不必要的政府补贴,确保市场公平竞争,不仅会提高整个社会的资源配置效率,还会减少企业能够获得的政府补贴资金,迫使企业主动优化运营模式,提高企业尤其是国有企业的竞争力。

(2)政府隐性担保方面。由于部分国有企业可能存在的政府隐性担保,因而其风险溢价率对资产收益率有较高的影响。企业的国有产权属性分别降低了 AAA 级、AA+级、AA 级债券 0.36%、0.90%、0.31%的风险溢价;AAA、AA+、AA 级债券风险溢价每提高 1%,国有企业资产收益率将分别降低 0.25%、0.17%、0.14%,而债券风险对其他类型企业资产收益率无显著影响。与其他类型企业比较,国有企业的融资成本优势提高了其盈利能力。竞争中性原则要求理清政商关系,将会减少国企来自政府的隐性担保,倒逼国企融资市场化,间接提高国企的竞争力。

(3)政府采购方面。政府采购包含政府直接采购和来自国有企业的采购,政府采购比例提高 1%,国企生产率提高 0.33%,而来自其他国有企业的订单采购比例提高 1%,国企生产率将提高 0.31%;政府直接采购比例提高 1%,国企生产率提高 0.008%,但不显著,即政府直接采购对国企生产率无显著影响。中国加入 WTO 时明确将"国有和国家投资企业"排除在政府采购主体范围之外,按照 WTO 承诺的定义来实施竞争中性原则,则只包括政府直接采购。因此,竞争中性不会通过政府采购对国有企业竞争力产生影响。

目　录

第一章

绪　论

一、研究意义

竞争(完全竞争、存粹竞争)是指不存在任何阻碍和干扰因素的市场情况,即没有任何垄断因素的市场结构。[①] 从理论逻辑上来说,市场经济是指由市场在资源配置中起基础性作用的一种经济形式,但由于市场机制难以解决外部性、市场垄断、公共产品供给不足、宏观经济失衡等市场失灵问题,因此需要政府这只"看得见的手"进行宏观调控,由此出现了市场经济发展过程中政府与市场的关系问题。政府与市场作为市场经济运行中配置资源的两种机制,既相互对立,又相互统一,二者相辅相成。

从中国改革开放 40 多年的发展历程可知,每一次重大的经济改革都是在市场经济理论取得重大突破后产生的,并且每一次重大的突破其改革取向都是调整和优化政府和市场间的关系。党的十八届三中全会把市场在资源配置中的作用从"基础性作用"修改为"决定性作用",标志着经济发展进入了一个新阶段。党的十九大报告提出"加快完善社会主义市场经济体制"的战略任务。2020 年 5 月 11 日,《中共中央、国务院关于新时代加快完善社会主义市场经济体制的意见》中明确规定,将积极稳妥推进国有企业混合所有制改革。在国有企业改革方面,该意见提出了多种

---

①   本书编写组.曼昆《经济学原理》导读[M].中国工信出版集团、人民邮电出版社,2017,P142.

增强企业活力以及完善现代企业制度的发展路径。①

2020 年 6 月 1 日,中共中央、国务院印发的《海南自由贸易港建设总体方案》中第 7 条规定在海南自由贸易港建立健全公平竞争制度。②

完善社会主义市场经济体制的关键是调整和构建好政府和市场的关系,贯彻落实竞争中性原则对于完善政府与市场关系具有重要意义:

第一,竞争中性原则有利于完善社会主义市场经济体制。实施竞争中性原则要求国企不能因为其与政府的亲近关系获取不合理的竞争优势,目的在于确保国有企业与民营企业能够在市场中公平竞争,从而维护公平公开的竞争环境。唯有保证市场主体"一视同仁"的地位、维护公平竞争的体制机制,才能处理好政府与市场之间的关系,更有效地发挥市场的作用。

第二,贯彻落实竞争中性原则有利于降低政府对国有企业的干预程度,增强国有企业的自主性。通过促使国有企业建立完善的现代企业制度、改革薪酬福利制度和用人机制,同时,对其退出竞争性领域、金融扶持、税收、公共义务、利润回报、债务、补贴等方面采取市场化标准,使其成为与集体企业、私营企业、外资企业相同的自主经营、自负盈亏的市场竞

---

① 《中共中央、国务院关于新时代加快完善社会主义市场经济体制的意见》中涉及的规定原文:在深入开展重点领域混合所有制改革试点基础上,按照完善治理、强化激励、突出主业、提高效率要求,推进混合所有制改革,规范有序发展混合所有制经济。对充分竞争领域的国家出资企业和国有资本运营公司出资企业,探索将部分国有股权转化为优先股,强化国有资本收益功能。支持符合条件的混合所有制企业建立骨干员工持股、上市公司股权激励、科技型企业股权和分红激励等中长期激励机制。深化国有企业改革,加快完善国有企业法人治理结构和市场化经营机制,健全经理层任期制和契约化管理,完善中国特色现代企业制度。对混合所有制企业,探索建立有别于国有独资、全资公司的治理机制和监管制度。对国有资本不再绝对控股的混合所有制企业,探索实施更加灵活高效的监管制度。

② 《海南自由贸易港建设总体方案》第 7 条原文:强化竞争政策的基础性地位,确保各类所有制市场主体在要素获取、标准制定、准入许可、经营运营、优惠政策等方面享受平等待遇。政府采购对内外资企业一视同仁。加强和优化反垄断执法,打破行政性垄断,防止市场垄断,维护公平竞争市场秩序。

争主体,有利于完善国有企业内部治理结构和市场化管理水平,进一步提升国有企业的市场竞争力。

第三,竞争中性原则有利于政府简政放权,建立职能合理的服务型政府。竞争中性原则需要政府"补位"而不"越位",凡是应由市场自发调节和企业自主经营决策的事务,都应交由市场和企业自主解决。政府的作用在于制定公平合理的市场制度,而非直接参与市场竞争。在税收、信贷融资、用地审批、市场准入等方面,政府应确保不同所有制企业能够平等地获得同类同质的生产要素,促进优势企业充分发展。

二、文献综述

(一)竞争中性原则的内涵

国内学者对竞争中性原则及相关政策的制定和推进开展了大量的研究,如白明、史晓丽(2015)[1],唐宜红、姚曦(2013)[2],毕金平、丁国峰(2018)[3],张琳、东艳(2015)[4],王绍媛、刘政(2018)[5]等。

唐宜红、姚曦(2013)[6]对竞争中性原则基本内涵的演进进行了较为全面的梳理。竞争中性原则最早是澳大利亚政府于20世纪90年代提出的,目的是完善国内竞争环境,确保市场中的国有企业与民营企业平等竞

① 白明,史晓丽.论竞争中性政策及其对中国的影响[J].国际贸易,2015,(3).
② 唐宜红,姚曦.竞争中性:国际市场新规则[J].国际贸易,2013(03):54—59.
③ 毕金平,丁国峰.论竞争中性制度对中国的影响及应对措施[J].江海学刊,2018(06):138—143.
④ 张琳,东艳.主要发达经济体推进"竞争中性"原则的实践与比较[J].上海对外经贸大学学报,2015,22(04):26—36.
⑤ 王绍媛,刘政.国际投资协定中的竞争中性规则审视[J].哈尔滨工业大学学报(社会科学版),2018,20(05):127—132.
⑥ 唐宜红,姚曦.竞争中性:国际市场新规则[J].国际贸易,2013(03):54—59.

争,提高市场运行效率。从 1993 年的"希尔默报告",到 1995 年的《竞争原则协定》,再到 1996 年发布的《联邦竞争中性政策声明》,最终确立了澳大利亚模式的竞争中性概念①。此后,学术界开始对竞争中性原则相关问题展开研究,如 Deighton-Smith(2001)②,Trembath(2002)③。OECD 于 2009 年启动了关于竞争中性的研究。OECD 在 2012 年的《竞争中性》报告中指出,"竞争中性"的定义应该更为一般化,以涵盖市场中形式多样的竞争实体。报告对何为"经济市场""经营实体""过度的"竞争优势(劣势)进行了界定④,并首次确认了竞争中性的八个标准⑤。由此,竞争中性成为OECD 国家通行的技术性规范,并且被应用于多数国际贸易协议当中(许皓,2019)⁹⁴。此后,美国成为竞争中性政策最为积极的推动者之一,美国副国务卿罗伯特·霍马茨于 2011 年提出了基于美国国情的竞争中性原则⑥。

汤婧(2014)⑦认为"竞争中性"政策的应用应明确三个关键要素,分别

① "竞争中性是指政府的商业活动不得因其公共部门所有权地位而享受私营部门竞争者所不能享有的竞争优势。"该概念在所有关于竞争中性的研究中引用最为广泛。

② National Competition Policy:Key Lessons for Policymaking from Its Implementation

③ Competitive Neutrality:Scope for Enhancement,Staff Discussion Paper

④ 其中,"经济市场"被界定为国有企业和私有企业可以同时进入,或者给定现有的规则可能同时进入的市场;"经营实体"即竞争中性的规制对象,是指那些享有过度竞争优势的政府商业活动;"过度的竞争优势"则表明,国有企业的可能来自政府对其所承担社会责任的过度补偿,只要补偿不是过度的,就不认为是对"竞争中性"的偏离。

⑤ 简化国有企业经营形式、成本确认、商业回报率、厘清公共服务义务、税收中性、监管中性、债务和补贴中性、政府采购中性等。

⑥ "竞争中性意味着政府支持的商业活动不因其与政府的联系而享受私营部门竞争者所不能享受的人为竞争优势。"

⑦ 汤婧."竞争中性"规则:国有企业的新挑战[J].国际经济合作,2014(03):46—51.

是对国有企业的界定、活动是否为商业性质①、是否属于商业性竞争市场②。毕金平、丁国锋（2018）③认为，竞争中性原则提出的原因是发展中国家国有企业的迅猛发展对欧美传统优势产业造成压力，竞争中性原则成为美欧国家规制其他国家国企竞争行为和遏制这些国家崛起，从而重新掌控国际经贸规则制定权的重要工具。Virtanen，Martti & Pekka Valkama（2009）④认为，竞争中性是一个多维度的、有争议的问题，因为竞争扭曲在不同的制度背景下是有差异的，竞争中性问题的提出存在六个制度根源，包括进入壁垒、特殊行为要求⑤、税费水平的差异、政府补贴、产权的异质性、国有企业的治理⑥。

　　一些国外文献也对竞争中性原则进行了深入的研究。例如，OECD（2012）⑦提出，竞争中性是指在经济市场中任何经营实体都不应受不适当的竞争优（劣）势的制约，追求竞争中性既有政治上也有经济上的原因。经济原因在于，它有助于提高整个经济的配置效率；政治原因在于，政府作为监管机构，既要确保经济行为者"公平竞争"，也要确保公共服务义务得到履行。虽然维持公平竞争环境的政治承诺通常是强有力的，但政府的商业活动却经常偏离中性做法。Chandy（2015）⑧以印度政府为例，具体

---

　　①　不具有商业性质（亦即并非追求利润或盈余）的国有企业，不属于"竞争中性"规则的适用范围。

　　②　评断是否属于商业性竞争市场，必须评估在竞争优势或法令限制取消后，是否可能存在竞争。

　　③　毕金平，丁国峰.论竞争中性制度对中国的影响及应对措施[J].江海学刊,2018(06):138—143.

　　④　Virtanen，Martti & Pekka Valkama. Competitive Neutrality and Distortion of Competition：A Conceptual View. World Competition 32，No. 3 (2009)：393-407.

　　⑤　针对部分市场参与者或特定类型交易的限制，而非针对整个市场（参与者）。

　　⑥　政府作为企业所有者，往往会因为社会目标而牺牲利益最大化目标。

　　⑦　OECD. Competitive Neutrality：Maintaining a Level Playing Field between Public and Private Business[M]. OECD Publishing,2012.

　　⑧　Chandy，Verghis. Keeping competitive neutrality[J]. Financial Express,2015.7.15

分析了政府偏离竞争中性的主要原因,如通过国有企业提供公共服务更容易,国有制为交叉补贴提供了机会,国有企业承担了积极的产业政策职能,同时能保障国家财政收入和就业。研究表明,在一个关键基础设施和服务部门由公共部门主导的经济体中,竞争中性非常重要。但因公共部门企业经常被视为政府部门的延伸,政府目前似乎更多地依赖于公共部门来推动发展,故政府往往有意识地做出背离竞争中性的决定。OECD(2012)[①]基于 OECD 各国的实践经验,提出了一系列实施竞争中性原则的具体措施,包括:政府最高层明确承诺确保竞争中性(在联邦州的情况下,为地方政府);确定监督机构和执行机构;制定说明竞争中性含义及如何实施的详细指南,并向市场参与者和公众披露;建立纠正机制,并对遭受损失的经济行为者给予适当和迅速的赔偿;建立申诉机制,允许市场参与者向有关当局提请竞争中性相关问题。

我们综合已有研究文献归纳并列举了不同主体对竞争中性内涵的定义。具体如表 1-1 所示:

表 1-1　不同国家或组织对竞争中性的定义

国家或组织	内　涵	特　征
澳大利亚	澳大利亚的竞争中性政策:政府应该在市场竞争中保持中性,即确保税收中性、信贷中性、规则中性、同等水平资产回报率[②]、合理分摊成本[③]等	核心是对政府从事的商业行为明确规范,从而消除其净竞争优势

① OECD. Competitive Neutrality: Maintaining a Level Playing Field between Public and Private Business[M]. OECD Publishing, 2012.

② 同等水平资产回报率是指政府商业行为要与私营企业一样,在市场上获得竞争者平均水平的资产回报率和利润空间。

③ 合理分摊成本是指政府商业行为的商品和服务价格要充分反映其成本,该成本要与政府其他非商业行为区别开来,单独核算,避免交叉补贴。

续表

国家或组织	内　　涵	特　　征
欧盟	《欧洲联盟运行条约》(TFEU)107 条第 1 款明确规定:"由某一成员国提供或通过国家资源给予的任何资助,不论方式如何,凡优待某类企业或者某类产品的生产,以致破坏竞争或者对竞争产生威胁,从而对成员国之间的贸易产生不利影响时,应被视为与共同体市场相抵触。"①欧盟约束国家资助的制度可概括为:一是欧盟各成员国政府对特定产业或企业的资助行为应该受到约束。二是对国有企业的行为给予特殊规范	核心是约束各成员国对特定企业或产业提供资助行为
OECD	OECD 主要通过关注国有企业治理推动竞争中性政策的实施。OECD 认为:"竞争中性是指这样一个规则框架,即国有企业应遵循与私营企业相同规则,不能因为其与政府之间的关系使其获得优于其他市场参与者的竞争优势。"	OECD 主要通过关注国有企业治理推动竞争中性政策的实施

　　可以看出,竞争中性原则是一个动态发展的概念。从澳大利亚对"竞争中性"概念的提出,到 OECD 对"竞争中性"概念的发展,再到霍马茨对"竞争中性"政策的推广,其适用范围和应用场景处于不断发展和演变中。澳大利亚政府在对"竞争中性"的定义中,明确界定了政府商业活动的范围,强调了其公共部门所有权地位,但仅适用于国内市场;而在 OECD 的定义中,虽然没有建立政府商业活动适用范围的统一标准,但其对"竞争中性"原则的应用范围已经扩大到欧盟各成员国与政府有关的私有制企业;在霍马茨的定义中使用了"政府支持的商业活动",从而将"竞争中性"的适用范围扩大到所有与政府有联系的市场商业活动。

　　以往研究均强调了竞争中性原则的三个关键要素,即国有企业的界

---

①　资料来源:《欧洲联盟运行条约》(TFEU)。

定、活动的商业性质和商业性竞争市场,并通过扩大化、模糊化竞争中性的适用范围,为政府利用竞争中性原则实现贸易投资保护目标预留了政策的可操作空间。其中,对于竞争中性动因的研究,国外研究主要集中在制度层面,如竞争中性对经济配置效率的改善,国有产权所有制之间的差异引发的竞争中性问题,分析政府偏向国有企业的原因,国内则主要从国际经贸格局角度分析,认为欧美国家旨在利用竞争中性原则实施贸易保护,遏制发展中国家崛起。

目前中国提出的竞争中性原则的内涵可以概括为三个维度:一为所有制中性;二为市场竞争中性;三为市场开放。首先,所有制中性是指不因企业所有制的不同设置不同的竞争规则,反对在制定的国际规则中对国有企业给予歧视性待遇;其次,市场竞争中性是指在市场经济的背景下,对待所有参与市场竞争的主体,在运作和竞争的每一个环节都要保持中性,体现市场公平竞争;最后,市场开放的维度是指国有企业在参与国际市场竞争时所面临的市场开放度遵循竞争中性的原则。

我们主要围绕所有制中性和市场开放两个维度展开讨论。

(二)竞争中性原则与产业政策的关系

竞争政策是指为了维持和发展竞争性的市场机制而实施的各种公共政策措施。竞争中性原则作为竞争政策的一种,其实施目的在于明确规范政府干预市场的行为,即明确约束政府实施产业政策的能力,这就产生了竞争中性政策与产业政策之间的协调问题。李剑(2011)认为产业政策是政府对于资源配置的直接干预,竞争政策要求市场直接配置资源[①]。长期以来,关于中国经济政策一直存在两种对立的观点:一种强调产业政

---

① 李剑.反垄断法实施与产业政策的协调——产业政策与反垄断法的冲突与选择.东方法学[J].2011(1).

策,而另一种反对产业政策,强调竞争政策。

白明、史晓丽(2015)[95]认为,竞争中性原则中的一些理念和制度安排,如约束政府直接干预经济的行为,推行规则中性,加强公司治理,提高国有企业透明度等,对当前中国推动国有企业改革和产业政策调整具有促进意义。中国可以利用好外部压力,继续推动国有企业和产业补贴政策改革。黄颖慧(2017)[①]认为中国应当结合自身市场经济特点以及发展水平,找到适合中国国情的竞争中性原则的实施依据和可行路径,从而构建具有中国经济发展特点的竞争中性制度。张占江(2018)[②]认为中国大量的产业政策严重扭曲了竞争,而且其中绝大多数情形下实现有关的法律或管制设定的目标并不需要削弱竞争或给予特定企业竞争优势,而政府在制定、实施法律和管制之前缺乏对竞争影响的考量。唐宜红、姚曦(2013)[③]认为,竞争中性原则很重要的一个内容是防止交叉补贴[④],而中国现有的补贴模式已然成为很多反补贴案例中的诟病对象。一旦竞争中性原则纳入双边或多边国际经贸规则中,对于国有企业和被认定为政府商业活动的补贴问题将更为突出。由于中国处于经济转型的阶段,并且在计划经济条件下本身缺乏竞争文化传统,因此政府明显更倾向通过实施产业政策来干预经济。所以政府在出台财政、产业等各类经济政策时,需充分考虑政策对竞争机制的影响,降低非公有制企业的门槛限制与成本,并且必要时可对竞争效果进行预测评估。

产业政策在国家实施赶超战略时具有重要的意义,宋凌云和王贤彬(2013)认为产业政策会通过鼓励、限制或者淘汰的方式,引导企业进行融

---

① 黄颖慧.TPP协议中的竞争中性规则研究.法制与社会[J].2017(02):74—75.

② 张占江.政府行为竞争中性制度的构造——以反垄断法框架为基础[J].法学,2018(06):第80—98页.

③ 唐宜红,姚曦.竞争中性:国际市场新规则[J].国际贸易,2013(03):54—59.

④ 防止交叉补贴是指当国有企业既承担社会义务,又进行商业活动时,其商业活动不得因为政府对其所承担社会义务的补贴而获得过度的市场竞争优势。

资、投资、生产和兼并重组,短期内改变行业产出水平和产业生产率。① 陈
秀山(1995)认为对于转型期国家而言,可以利用产业政策集中配置资源、
迅速推动产业升级,这会大大缩短单纯依赖市场机制进行转型的时间②。
冯晓琦和万军(2005)认为尽管在经济发展的初期政府干预是必要的,但
随着市场发育的逐渐完善,政府的职能应当从经济活动的干预者转变为
竞争秩序的维护者③。

　　以上研究表明,产业政策在一国经济的不同发展阶段所发挥的作用
不同。在经济发展的早期阶段,为了保护国内产业的发展,政府引导性的
产业政策有利于培育本土产业,如德国、日本和韩国。但是,当经济发展
到一定阶段时,或者当国际环境发生了较大变化时,产业政策对竞争的抑
制作用和不利影响会逐步显现,加剧产业政策与竞争政策之间的矛盾。
已有研究主要分析了国外竞争政策和产业政策的关系,但是忽视了中国
国有企业的特殊性;同时,实施竞争中性原则对中国产业政策路径带来的
影响如何,以往研究对这一问题的讨论尚存在空白。基于此,我们将重点
分析竞争中性原则如何通过规范和约束国有企业行为影响中国的产业政
策路径。

(三)采用竞争中性原则对中国国有企业的可能影响

1.竞争中性对国有企业的影响

在市场竞争与国有企业关系的研究中,多数学者认为国有企业在一

---

① 宋凌云,王贤彬.重点产业政策、资源重置与产业生产率[J].管理世界,2013(12):
63—77.

② 陈秀山.中国竞争制度与竞争政策目标模式的选择.中国社会科学[J].1995(3):第
25—35 页.

③ 冯晓琦,万军.从产业政策到竞争政策:东亚地区政府干预方式的转型及对中国的
启示[J].南开经济研究,2005(5):65—71.

定程度上造成了市场运行机制的扭曲。Kowalski et al.(2013)[①]以国际大型跨国公司为分析样本,发现不同国家(地区)规制国有企业的政策实践有显著差异,在国有企业比重较大的国家(地区),经济运行机制扭曲的可能性相对较大。Sultan Balbuena,S.(2016)[②]于 2015 年 2 月至 7 月对 OECD 的 17 个国家展开了一项调查,从贸易的角度来看,公有制似乎是造成市场运行机制扭曲的一个更具决定性的因素。超过 80% 的受访者认为国有企业受到政府的青睐;73% 的受访者认为,这些好处可以对国际货物和服务贸易产生影响,即国有企业扭曲了国际贸易。Capobianco,A. and H. Christiansen (2011)[③]研究表明,国有企业在人事安排上与政府存在裙带关系,很多政界人士进入国有企业的董事会和管理层,使得国有企业有渠道游说政界人士代表它们干预市场。Tang Van,Nghia(2016)[④]认为全球化趋势使企业急剧渗透到世界经济的各个角落,发达的市场经济国家需要建立一个公平的竞争环境,但对发展中国家来说,这一要求过于苛刻,因为这些国家的法律制度仍在完善中。虽然现有的管制框架约束了国有企业的某些反竞争行为,但这些管制框架的设计是基于国内目标和国内市场的,在双边、多边国际市场中实施竞争中性原则的相关机制尚不健全。

已有研究从多方面分析了竞争中性原则对中国国有企业改革的影

① Kowalski,P. et al. State-Owned Enterprises:Trade Effects and Policy Implications [R]. OECD Trade Policy Papers, 2013, No. 147, OECD Publishing, Paris.

② Sultan Balbuena, S. Concerns Related to the Internationalisation of State-Owned Enterprises:Perspectives from regulators, government owners and the broader business community[R]. OECD Corporate Governance Working Papers, 2016, No. 19, OECD Publishing, Paris.

③ Capobianco, A. and H. Christiansen. Competitive Neutrality and State-Owned Enterprises:Challenges and Policy Options[R]. OECD Corporate Governance Working Papers, 2011, No. 1, OECD Publishing, Paris.

④ Tang Van, Nghia. Competitive Neutrality:Challenges of Application for Vietnam [R]. Working Paper No. 19/2016, 2016.

响。Shuping Liao & Yongsheng Zhang(2014)①从中国角色和增长模式两个维度考察了中国国有企业的对外直接投资,认为其海外直接投资在中国经济发展中发挥了重要作用,但是随着中国经济快速增长,中国的全球角色定位和责任也在发生变化,中国需要在竞争中性框架下与世界各国建立双赢、和谐的关系。汤婧(2014)②分析了竞争中性原则对中国国有企业的不利影响,认为竞争中性原则迫使中国在当前经济赶超阶段从根本上改革国内的经济体制和结构,中国的国有企业在国家宏观调控和社会基础设施建设领域,以及海外投资领域的作用将因此受到严峻挑战。其有利影响在于,竞争中性将发挥良性的"倒逼"作用,促使中国积极推进国有企业改革。胡左浩(2018)③认为,竞争中性原则对中国国有企业的有利影响在于,一方面在国内可以促进国有企业和民营企业间的平等市场竞争地位形成,完善社会主义市场经济体系;另一方面在国际上可以反对根据所有制设置不同的规则和歧视性待遇,为中国国有企业在国际市场平等参与市场竞争创造公平环境。黄志瑾(2013)④主要总结了竞争中性原则对中国国有企业的不利影响,认为中国企业在贯彻"走出去"战略的同时,面临的对国有企业国家所有权标签的挑战和质疑,也从东道国单边层面上升到了区域多边层面。

从以上三方面可见,竞争中性政策与中国国有企业改革的整体方向是吻合的,但是,若实施欧美发达国家高标准的竞争中性政策需要中国承担更多的国际义务,这明显与中国现阶段的经济发展实际不符,故对待竞争中性政策我国既不可全盘接受也不可完全否定。

---

① Shuping Liao & Yongsheng Zhang. A new context for managing overseas direct investment by Chinese state-owned enterprises[J]. China Economic Journal, 2014.

② 汤婧."竞争中性"规则:国有企业的新挑战[J].国际经济合作,2014(03):46—51.

③ 胡左浩.借助竞争中性原则深化国企改革[J].人民论坛,2018(36):84—86.

④ 黄志瑾.国际造法过程中的竞争中性规则——兼论中国的对策[J].国际商务研究,2013(3).

2.竞争中性原则在中国的适用

竞争中性的内容随经济贸易的发展而经历了三次变化,即从国民待遇、倾销和补贴、关税减让等早期贸易规则,过渡到社会责任、劳工权利、环境保护,进而过渡到国家安全审查、竞争中性等"新一代规则"(石静霞,2015①)。竞争中性原则已成为国际经贸领域备受关注的重要议题,中国唯有积极主动参与制定新一轮国际经贸规则,才能在未来的竞争中获得优势。通过文献梳理可以看出,竞争中性原则对中国整体外贸环境和经济发展,甚至对中国现有的发展模式和制度都将形成新的挑战。虽然竞争中性原则符合中国市场经济改革趋势,但欧美高标准的竞争中性政策与中国现阶段的经济发展情况不符,故必须以发展的眼光进行辩证借鉴,探索构建中国特色的竞争中性体系。

部分学者认为中国应积极推进竞争中性原则。黄志瑾(2013)②认为,竞争中性原则已进入国际造法过程中,中国已错过多边贸易规则的国际造法,不能再错过新一轮的多边投资协定国际造法,只有主动参与谈判,才能有效地维护国家利益。反对的观点认为竞争中性原则与中国现阶段的发展情况不符,应该基于中国的情况有选择性地推进。如许皓(2019)③认为,OECD版的竞争中性过于强调国际经济竞争的形式公平,欧美发达国家由于历史原因在国际竞争中占据了优势地位,形式上的公平竞争将导致实质的不公平,拉大发达国家与发展中国家之间的差距。张占江(2015)④的观点比较中性,认为不同司法辖区对竞争中性的界定差异,源于自身经济发展的不同战略,故中国对"竞争中性"制度的界定也应依据

---

① 石静霞.国际贸易投资规则的再构建及中国的因应[J].中国社会科学,2015,(9).

② 黄志瑾.国际造法过程中的竞争中性规则——兼论中国的对策[J].国际商务研究,2013(3).

③ 许皓.中国竞争中性的应然之路[J].湖北大学学报(哲学社会科学版),2019(1):22.

④ 张占江.《中国(上海)自由贸易试验区条例》竞争中性制度解释[J].上海交通大学学报(哲学社会科学版),2015,23(2):60—68.

自身的发展背景来界定。毕金平、丁国锋(2018)①从内部视角分析了推行竞争中性原则的困难,认为一来中国国企的强势地位是建构竞争中性制度的一大难题,二来中国的竞争法存有一定缺陷,即缺乏保障竞争中性实施的技术规制,关于竞争中性的法律法规尚未出台。

部分学者对中国实施竞争中性原则的总体方向做了研究。周雷(2018)②认为,我们在对"竞争中性"原则持积极态度的同时,也应旗帜鲜明地提倡"所有制中性",反对因企业所有制的不同而设置不同的规则,反对在国际规则制定中给予国有企业歧视性待遇。面对外部对中国国有企业的误解,应积极运用竞争中性原则,客观理性呈现中国市场经济状况和国企改革发展成效,这样有利于把外资企业引进来,同时也为中国企业走出去营造良好环境。白明、史晓丽(2015)③认为,针对美欧推出的竞争中性政策和实践做法,中国应着手与欧美在多双边领域就竞争中性政策进行对话,紧紧抓牢国际经贸规则中"非歧视性"④这一核心原则,积极运用WTO规则,限制和压缩美欧在双边领域滥用现有规则的空间。赵学清、温寒(2013)⑤认为中国可借鉴OECD竞争中性准则来推进国有企业改革。第一,明确国有企业与政府的关系⑥。第二,政府应该积极构建公平、公正的市场竞争环境,避免低效干预扭曲市场。第三,国有企业提供公共服务的职能应该与其他职能进行严格区分。

---

① 丁国锋,毕金平.论反垄断法之公共执行与私人实施的协调[J].中南大学学报(社会科学版),2012,18(1):82。

② 周雷.以竞争中性促进中国企业改革发展[J].经济,2018(23):82-83。

③ 白明,史晓丽.论竞争中性政策及其对中国的影响[J].国际贸易,2015,3:22-24。

④ 即企业主体不能因为所有权而受到歧视性待遇。

⑤ 赵学清,温寒.欧美竞争中性政策对中国国有企业影响研究[J].河北法学,2013,31(1):33-37。

⑥ 包括明确地说明国有企业享有的对某些法律法规的例外,或在经济活动中享受的来自政府的特权和优惠措施。对于国有企业提供的部分公共服务必须清晰地、透明地在相关法律法规中明确规定。

在如何具体实施竞争中性原则的研究中,刘笋、许皓(2018)[①]提出竞争中性原则引入后中国的应对建议,一是倒逼国内改革,向国际规则靠拢;二是引入竞争影响评估机制,主要是对政府公共政策的竞争评估;三是完善中国《反垄断法》,规制行政性垄断;四是建立完善的法律体系,加强市场监管;五是以"一带一路"倡议为契机,加快构建多边贸易合作体系。汤婧(2014)[②]通过总结不同经济体在竞争中性原则方面的实践经验,提出了中国实践竞争中性的建议,认为在构建竞争中性制度框架方面,中国应借鉴国际上的成熟做法完善竞争立法,如澳大利亚的申诉机制和欧盟的透明审查机制,以制度和法律的力量来维护公平竞争环境,并进一步推动国有企业的深化改革。同时,为适应竞争中性原则,中国需完善国内立法技巧[③],在技术上融入国际话语体系。田野(2018)[④]研究认为,竞争中性将进一步硬化国有企业的预算约束,但要让竞争中性原则在中国国企改革中真正发挥有效的作用,还需要解决一系列问题:一是 OECD 所倡导的竞争中性仍属于国际软法,不具有法律约束力。二是 OECD 关于竞争中性的指导性建议过于笼统,无法提供一个涉及各国市场发达程度、行业监管理念、竞争规制目的以及社会责任承担的政策工具体系,这就为中国根据自身实际情况提出一套更完善的竞争中性方案提供了很大的空间。三是美国目前已经在双边、区域间、多边等不同层面将竞争中性原则转变为具有国际约束力的规则,这些规则很有可能构成日后多边规则的基础,

---

[①]　刘笋,许皓.竞争中性的规则及其引入[J].政法论丛,2018(05):52—64.

[②]　汤婧."竞争中性"规则:国有企业的新挑战[J].国际经济合作,2014(03):46—51.

[③]　政府和立法机构在制定政策和法律的时候,不应当将立法目的或者政策扶持导向明确地写入相关立法之中,这种立法技巧已屡遭挑战。例如,2011 年,中国发布的《"十二五"国家战略性新兴产业发展规划》中提出建立七大战略性新兴产业,就被美国解读为中国对美投资政策是中国通过获取美国技术从而推动核心产业发展的政府计划的一部分,并认为这是中国政府结合投资、税收和政府采购政策给予国有企业优惠,从而推动中国国有企业发展,使之有能力获取美国公司所拥有的敏感技术及知识产权,并通过这些公司向美国提供基础设施、通信等影响美国经济和国家命脉的服务。

[④]　田野.国际经贸规则与中国国有企业改革[J].人民论坛·学术前沿,2018(23):74—83.

将深刻影响中国国有企业的国际竞争。

中国经济学界已经对竞争中性原则与国企改革的关系进行了大量有益的探讨,不同角度的研究观点均认同竞争中性原则对中国国有企业改革具有双刃剑效果,具体表现为:一是随着中国经济增长模式的转变,实施竞争中性原则将促进国有企业和民营企业间平等市场竞争地位,完善社会主义市场经济体系;二是竞争中性原则在国际经贸规则中的适用将迫使中国从根本上改革国内的经济体制和结构,进而影响中国国有企业在国家宏观调控和社会基础设施建设领域,以及海外投资领域作用的发挥;三是随着中国角色定位和国际地位的变化,通过主动应对竞争中性原则,可以反对国际上所有制歧视性待遇,从而为中国的国有企业平等参与国际市场竞争创造公平环境。

多数关于适合中国发展路径的竞争中性政策研究表明,竞争中性原则与中国市场经济改革的大方向是一致的,但欧美高标准的竞争中性政策不符合中国现阶段的经济发展实际的要求。由于历史原因,欧美发达国家已在国际竞争中占据了优势地位,而形式上的公平竞争将导致实质的不公平,进一步扩大发展中国家与欧美发达国家之间的差距。因此,对待欧美发达国家主导的竞争中性政策,我们既不可全盘接受也不可完全否定。在中国进一步深化改革开放的大背景下,我们需要积极主动参与新一轮的多边投资协定国际造法过程,科学阐述竞争中性的内涵,防止其他国家将竞争中性的概念泛化。

三、研究框架

本书主要通过以下七个章节进行研究和探索:

第一章,绪论。从促进中国政府与市场关系的调整这一角度出发,论述本书的研究意义,将国企存在的合理性问题之争,转化为规范国企行为的政策选择问题,为下一步深化国企改革打开突破口。文献综述部分主要梳理了竞争中性原则的内涵及与产业政策的关系,着重分析了竞争中性原则对国有企业的影响。

第二章,问题的提出:中国国企业制度自身之弊与外部市场之困。从中国国有企业制度内生问题出发,分析了中国国企制度的国内市场外部性影响,以及中国国有企业参与国际竞争的过程中饱受诟病的原因,进而提出利用竞争中性原则促进中国国有企业改革的必要性和可行性。

第三章,竞争理论与竞争中性。基于不完全市场竞争理论,着重分析了价格机制在调节市场供求和配置资源的过程中产生"经济租金"和非竞争中性的两种机制:一是生产要素的拥有者可以通过垄断、价格同盟等方式获取高额垄断利润,二是政府可以通过制定产业政策、补贴政策和市场准入门槛等方式支持某些企业特别是国有企业获得高额利润。

第四章,国企制度改革必须融入国际经贸新秩序的发展。主要从国际贸易新规则中竞争中性原则的提出和发展两个方面展开,分析国际贸易新规则中竞争中性原则在理念、制度和规则方面的差异及其背后隐含的逻辑理路,总结不同国家和地区国有企业适用竞争中性原则的经验和教训。

第五章,中国国有企业在市场竞争中的制度优势。梳理了中国国有企业竞争中性原则的发展历程、法律实践、主要特点以及国有企业改革中存在的问题,总结了当前中国国有企业非竞争中性的表现形式。

第六章,中国实施竞争中性原则的路径及内容。借鉴前文不同国家和地区竞争中性原则的发展实践,结合中国实际,提出中国竞争中性原则的实施内容和实施路径。

第七章,中国竞争中性原则的实施效果分析。针对前文中国竞争中性原则的实施路径,采用实证分析方法论证了竞争中性原则对中国国有企业竞争力、对外贸易、海外投资和"一带一路"倡议实施等方面的影响。

第二章

问题的提出：
中国国企制度自身之弊与外部市场之困

一、中国国企制度内生问题

（一）中国国企依赖于传统"竞争优势"，缺乏核心竞争力

经历多轮改革之后，中国国有企业的经营自主权不断扩大，经营效率显著提升。但是，由于长期以来政资、政企关系纠缠不清，国企与民企之间的公平竞争问题日益凸显。虽然在新一轮国企改革中进一步明确了国企分类和国资监管由管资产向管资本转变的方向，但是国企与国家、政府的关系仍未真正厘清。

中国国有企业有别于民营企业，它不仅是企业，也代表国家。在市场竞争中，中国国企饱受体制机制弊端的困扰，与同等体量的民营企业相比，未能形成与自身优势相匹配的自主创新能力。一个重要的原因在于，诸多领域在制度或政策措施层面进行了市场准入限制，导致大量民营企业无法进入市场。凭借这种"天然"的竞争优势，国有企业即使缺乏自主创新能力仍然能攫取巨大的经济利益。

此外，政府财政补贴也是国企创新能力提升的重要阻碍。在实际操作层面，政府特别是地方政府不仅对公益性国企进行各种非货币补贴和货币补贴，还倾向于向竞争性国企发放补贴，这不仅违背了市场公平竞争的原则，也不利于提升竞争性国企的自主创新能力。

(二)"经济租金"与"寻租现象"

"权力寻租"①是指在不完全竞争的情况下，市场参与主体受利益驱动，追逐由不完全竞争产生的"经济租金"的行为，这种寻租行为是导致行贿受贿和贪污腐败屡禁不止的经济学根源。

中国政府和国企之间存在特殊的利益关系，这在一定程度上抑制了完全竞争行为，从而产生了经济学意义上的"经济租金"和较为普遍的"寻租现象"。部分国企在经营过程中存在缺乏成本约束、人为抑制商品价格、重规模而轻效率等逆商业逻辑的行为，这主要是由于政府官员在行使其职能时过度倾向于通过干预企业自主经营活动来实现政府目标。同时，少数政府官员还存在"懒政""搭便车"的行为，比如盲目扩张机构规模、提高预算水平等。

各国《反垄断法》旨在通过立法手段保护竞争，减少"经济租金"和"寻租现象"。中国在反垄断立法上也已经取得明显的成效，《反垄断法》的实施时间已经接近 11 年，公平竞争审查制度的建立时间也有三年之久。2019 年 9 月 1 日起正式施行了《反垄断法》的三部配套规章：《禁止垄断协议暂行规定》《禁止滥用市场支配地位行为暂行规定》《制止滥用行政权力排除、限制竞争行为暂行规定》。经过十年的发展，中国保护竞争的立法工作仍然面临诸多挑战。

二、国内环境的外部性之困

民营企业在中国经济社会运行中发挥着重要的作用，但是并不与竞争性国企享有同等的竞争条件。各种形式的市场准入限制致使国企与民企从起点即处于不平等的地位，加之各级政府在产业政策、财政税收、金

---

① 权力寻租是指握有公权者以权力为筹码谋求获取自身经济利益的一种非生产性活动。

融投资优惠等多方面对国企进行倾斜,使得二者在竞争过程中依旧不平等。最后,竞争性政策法律保护的缺位进一步加剧了竞争结果的不公平。

(一)国内竞争性法律在国企发展中的虚置

中国国企长期受到政策倾斜和特定的体制机制约束,其特殊地位使得《反垄断法》等法律法规较难对其进行规制与约束。这种法律制度的软约束在客观上促使中国国企形成对传统竞争优势的路径依赖。具体表现如下:

第一,《反垄断法》第 7 条对国企适用的两难境地。中国《反垄断法》适用于所有企业,既包含国企也包含各类民营企业。目前主要的争议在于第 7 条第 1 款的规定:国有经济占控制地位,关系国民经济命脉和国家安全的行业以及依法实行专营专卖的行业,国家对其经营者的合法经营活动予以保护,并对经营者的经营行为及其商品和服务的价格依法实施监管和调控;第 2 款的规定:该类企业应当依法经营,诚实守信,严格自律,接受社会公众的监督,不得利用其控制地位或者专营专卖地位损害消费者利益。①《反垄断法》的上述条款主要针对石油、电力、电信、民航等自然垄断行业和烟草、食盐等专营专卖行业,但是这类模糊性规定将可能为垄断性国企有效规避反垄断审查提供可能性,从而影响反垄断相关法律法规的规制效果。一个重要原因是,反垄断法虽然规制国企滥用优势地位和从事限制性竞争行为,但是却承认并保护这类国有企业的自然垄断地位或市场支配地位,这就意味着反垄断法是行为规制并非结构规制。因此,若在体制机制上这类国企未打破垄断,《反垄断法》依旧难以发挥其反垄断、维护市场竞争秩序的作用。实际上,虽然近几年查处了一些滥用市场支配地位的国有企业,但最终处理结果也只是限期整改,警示作用极

---

① 资料来源于《中华人民共和国反垄断法》。

其有限。对垄断性国企的特殊市场支配地位予以承认和保护，成为《反垄断法》第 7 条饱受争议的根源。

第二，《反垄断法》对国企行政垄断的规制有限。《反垄断法》对行政垄断的有关规定缺乏足够的约束力，该法实施十余年来，被处理的有影响力的行政垄断案较为鲜见。

《反垄断法》第 51 条仅仅用"由上级机关责令改正""对直接负责的主管人员和其他直接责任人员依法给予处分""反垄断执法机构可以向有关上级机关提出依法处理的建议"①几个条款对行政垄断的法律责任做了简单的规定，这与经济性垄断行为的处罚力度相比差距明显。更重要的是，该项规定不仅没有明确规定上级监管部门，更是间接排除了反垄断执法部门的执法权，这意味着《反垄断法》对行政垄断缺乏硬性规制。

（二）国企制度对于民营企业发展的隐性挤压

第一，民营企业融资难与国企制度存在密不可分的联系。在经济通缩阶段，国内银行常常对民营企业采取断贷、抽贷、压贷的措施，一个重要原因是当下体制、机制对民营企业与国企的定位存在显著差异。

从银行普遍采用的风险收益评价机制来看，民营企业的信贷风险显著高于国企。相关统计数据显示，虽然民营企业创造了占总量 60％的 GDP，但是却只获得了 30％的银行贷款。光大证券资管首席经济学家徐高的研究表明，民营企业贷款利率要比央企和国企高 2.5％～3％。这种信贷资源错配在很大程度上反映了民企和国企在融资待遇上存在差别。

第二，长期以来，政府对国企和私企实施显性或隐性的差异化政策。国企在获取土地、石油、矿权等自然资源的特许经营权，资本市场投融资和政府项目招投标等方面常常居于优势地位。例如在土地、固定资产等

---

① 资料来源于《中华人民共和国反垄断法》。

银行贷款质押物方面,国企能够享受政府优惠政策和特殊支持。

第三,现有国有资产管理体系成为管控国企信贷风险的重要屏障。当国企经营困难或出现重大资金风险时,各级国有资产管理体系就会成为抵御风险的重要屏障。各级国资委对融资困难、资金运转失灵甚至需要破产清算的国企,要么直接增资,要么通过内部资金调度添补缺口,或者直接通过其他优势国有企业对其进行资产重组,以帮助国企维持运转。因此,在各级国有资产管理体系的保护下,银行对国企投放的贷款就多了一道风险管控保障,政府背书客观上成为国企信贷风险的最后一道防线。

三、中国国企参与国际竞争面临竞争中性问题

(一)各国(地区)对国企问题日益关注

第一,美日欧关于国企和工业补贴的声明。2018 年 9 月 25 日,美国、欧盟和日本三方贸易部长纽约会议发布数个联合声明,内容包括《关于第三国不以市场为导向的政策和做法的关切的声明》《关于工业补贴和国企的声明》《关于对第三国强制技术转让政策和做法的关切的声明》《关于世贸组织改革讨论的声明》等。

《关于工业补贴和国企的声明》中,三方均重点强调了确保公平竞争的重要性,并讨论了"在加强工业补贴和国企规则的基础上如何制定有效的规则来解决国企扭曲市场的行为"的问题。美国、日本和欧盟三方特别提出并讨论了"工业补贴和国企对竞争的扭曲"问题,并表示西方发达国家正准备将"国企"问题作为未来贸易规则的核心议题在全球推广。[①]

第二,B20 峰会(Business 20,即二十国集团工商峰会)采取专门报告来商讨国有企业引致的市场竞争扭曲和不公平的重要议题。2018 年 10

---

① 资料来源:沈伟."竞争中性"原则下的国有企业竞争中性偏离和竞争中性化之困[J].上海经济研究,2019(05):11—28.

月5日，B20峰会在阿根廷布宜诺斯艾利斯圆满结束。《B20贸易与投资报告》[1]显示，目前全球规模最大的100家企业中有22家是由国家控制，并且世界500强企业中国企占据四分之一的比例。报告还表明，当国企和私营企业开展竞争时，政府可能通过创造不公平的市场环境保证国企在竞争中获胜。由于国企可能并不以追逐利润和最大化长期价值为目的，因此在全球市场竞争中国家层面的激励因素会通过限制竞争损害其他国家的利益。尤其当国企在全球供应链的某些关键环节占据核心位置时，其贸易伙伴和竞争者因市场竞争扭曲受到的不利影响会尤其明显。

（二）中国国企在国内市场竞争中的策略是否适用于海外

据报道，中国国企在国内市场上往往先以超低价投标，中标后再以工程项目要挟业主涨价，但在海外市场这类操作很可能会遭遇失败，例如，中海外就因此在波兰遭遇了17亿元人民币的损失。[2]

部分国有企业特别是处于垄断行业的央企，凭借独特的企业生长环

---

[1]　https://www.b20argentina.info/Content/Images/documents/20181002_185401-B20%20TI%20%20Policy%20Paper.pdf

[2]　中国工程建设企业在海外竞争的最重要手段之一即以超低报价投标，中标且工程开工后再"挟工程以自重"要求业主变更工程，支付更多工程款项。中国海外工程有限责任公司（下称中海外）是中国铁建集团的全资子公司。2010年，其以低于波兰政府28亿兹罗提预算一半的价格（13亿）中标波兰A2高速公路A、C两个标段，寄希望通过"项目二次经营"弥补A2公路项目的损失。波兰同行认为"世界上谁都不能以这么低的价格修筑高速公路"，当项目进行到中期，中海外以项目说明书描述不清、地质情况复杂导致成本大增为由向波兰方面要求追加2.5亿美元工程款（"巧合"的是若提价2.5亿美元则整体工程价格接近波兰政府本来的预算）。因欧盟法律规定公共工程不允许修改初始合同，波兰政府拒绝了中海外的提价要求。同时，波兰政府依据合同给中海外为首的联合体开出了17.51亿人民币的赔偿要求，并禁止中海外参加波兰市场公开招标3年。另外，中海外为首的联合体3亿元人民币的银行保证金也遭到波兰政府冻结。多家分包商和供应商也起诉中海外，要求赔偿拖欠的工程款项。参见：波兰公路局详解中海外波兰项目终止[EB/OL]. http://business.so-hu.com/20110722/n314179492.shtml. 访问时间：2019年5月12日。

境和长期享受的政治优势形成了特殊的央企文化,而这很容易成为其在开展国外项目的过程中失败的原因。比如,一些中国国企竞标海外项目时依旧采取国内不符合规范的低价中标策略,即前期通过报出有违市场规律的超低价格中标,后期凭借政府关系要求业主追加投资或提高采购费用等。

(三)在 WTO 争端解决机制中纠纷不断

在 WTO 法律框架内,与国有企业相关的规则主要有三类:第一类是国营贸易企业退出规则,即要求政府建立或从事进出口贸易活动的企业,以及以补贴或垄断许可等形式享有政府特权的企业逐渐退出国际贸易。这类规则旨在推动国营贸易企业完全遵守非歧视性原则,维护公平竞争的商业规则。

第二类是反补贴规则。这类规则通过约束政府补贴行为间接约束国有企业的行为,从而降低政府补贴优先流向国有企业的概率。但是,这一类规则尚不完善,例如,《补贴与反补贴措施协定》第 1.1(a)(1)条规定,提供补贴的主体是"政府"或"公共机构",但是该项条款并未对公共机构的概念进行明确定义。因此,反补贴规则对于国企的适用性尚存争议。

第三类是《政府采购协议》(GPA)适用主体范围的多边谈判协议。该协议旨在通过多边谈判界定 GPA 的适用主体范围,促进成员开放政府采购市场。我国于 2007 年年底启动加入 GPA 的多边谈判,但是由于部分欧美国家要求将中国大部分国有企业纳入 GPA 适用主体范围,导致谈判进程受阻,相关协议至今尚未达成。

总体来看,与国有企业相关的贸易争端案例主要集中在反补贴领域。美国早在 2007 年就对中国发起过一项反补贴调查(铜版纸案),该项调查将中国国有商业银行认定为受政府控制的"公共机构",认为其符合反补贴规则的适用主体范围。① 2009 年，美国在一起针对中国厨房用金属架的反补贴案中系统性地论述了中国国有企业的法律性质问题。② 美国商务部认为，中国政府控股的所有国有企业都属于美国《1930 年关税法》第771(5)(B)条规定的"公共机构"。也就是说，凭借政府"控股权"这一标准即可将国有企业判定为"公共机构"，除非被调查企业和出口国政府能够证明政府控制权本身并未导致政府对企业经营活动施加干预。针对这一条款，中国曾多次在 WTO 层面进行质疑和反对，但目前仍未与美国就国有企业性质的界定问题达成一致意见。

1.中国诉美国铜版纸双反案初裁（DS368）

美国在 2007 年 4 月和 10 月对中国发起过一项反补贴调查（铜版纸案），该项调查将中国国有商业银行认定为受政府控制的"公共机构"，认为其符合反补贴规则的适用主体范围。虽然美国商务部对于这一案件给予了肯定性初裁和终裁，但是美国国际贸易委员会(ITC)裁定原产于中国的铜版纸并未对美国产业造成实质性损害或可预见性威胁，美国商务部随后取消了征税令。2009 年 9 月，美国三家公司（New Page、Appleton 和SAPPI）联合美国钢铁工人联合会再次向美国商务部提出针对原产于中国和印尼的铜版纸的调查申请。此后，美国商务部于 2010 年发布征税令，裁定对来自中国的铜版纸征收 7.6% ～135.8% 的反倾销税和 19.46% ～202.84% 的反补贴税，美国 ITC 也在同年 10 月以中国铜版纸对美国产业构成可预见性的威胁为由批准了这项征税令。中国于 2013 年通过WTO 争端解决机制对美国商务部针对中国的 13 项反倾销措施提出诉讼

---

① Issues and Decision Memorandum for the Final Determination in the Countervailing Duty Investigation of Coated Free Sheet from the People's Republic of China, at pp.55, United States Department of Commerce ("USDOC"), C-570-907, Oct.17, 2007.021.

② Issues and Decision Memorandum for the Final Determination in the Countervailing D Investigation of Certain Kitchen Appliance Shelving and Racks from the People's Republic of China("Kitchen Shelving IDM"), p:43, USDOC. C-570-942 Lulv20.

请求(DS471)。随后,WTO 争端调解机构于 2016 年 10 月发布专家组报告,对中国的诉讼请求表示支持,并裁定包括本案在内的美国的 13 项反倾销措施违反世贸规则。[①]

2.中国诉美国反倾销和反补贴措施案（DS379）

美国商务部认为,凡是政府控股的中国企业一律可以被认定为"公共机构",因此,中国国有企业向出口产品生产商提供原材料的行为事实上构成一种特殊形式的政府补贴。基于此,美国商务部在涉及标准钢管、矩形钢管、复合编织袋和非公路用轮胎的四起案件中针对中国采取"双反"(即反倾销与反补贴)措施。作为回应,中国政府于 2008 年 9 月将美国的这项裁决诉诸 WTO 争端解决机制。总体来看,本案的关键争议在于,美国在反补贴裁决中将中国国有企业认定为公共机构的做法是否符合WTO 规则。针对这 问题,美国商务部给出的理由主要有以下几点:(1)中国政府通过国有企业向出口产品生产商提供的原材料(热轧钢板、聚丙烯、橡胶等)等属于事实上的专项性补贴;(2)由国有企业出售给私营企业,然后间接供应给出口产品生产商的原材料,事实上构成可征收反补贴税的补贴;(3)中国政府通过国有银行(包括政策银行和国有商业银行)向出口产品生产商提供的优惠贷款,构成法律上的专项性补贴;(4)中国政府向出口产品生产商提供的土地使用权构成可征收反补贴税的补贴;(5)由于美国并不承认中国是"市场经济国家",因此在计算优惠贷款的利益和土地使用权的利益时,不能采用中国本土的标准而应该用替代国的价值水平来衡量中国政府向出口产品生产企业所赋予的利益金额。[②]

相反,中国则认为,公共机构的认定不应简单依据"政府控股"这一单一标准,因为政府控股企业并不等同于"企业代表国家行使职权"。中国

---

① 参见中国造纸协会.中国纸业赢世贸组织裁决,美国对华铜版纸反倾销措施违规[EB/OL]. http://www.chinappi.orgnews/20161025151325313836.html.

② 参见张玉卿.WTO 案例精选——WTO 热点问题荟萃[M].中国商务出版社,2015,P330.

的国有企业和国有商业银行均未受到政府的"委托"或"指示",因此其行为不能被视为政府补贴。而且,虽然所有制与控制权有关,但是"公共机构"和"私营机构"的区分标准不仅取决于政府控制企业的程度,还取决于企业所拥有和行使的权力的具体来源。更重要的是,美国商务部尚未提供可靠证据证明国有企业在提供投入时或国有商业银行在提供贷款时受到来自中国政府的"委托"或"指示",因此无法将其认定为"公共机构"。

从专家组的裁决结果来看,美国的观点明显得到更多认同,即同意从控制权的角度认定国有企业为公共机构,并且认为美国无须证明这些国有企业或国有商业银行是否受到政府的"委托"或"指示"。对此,中国于2010年12月1日提起上诉。2011年3月,上诉机构发布裁决报告,认为是否被授予政府职权才是认定公共机构的关键标准,政府是否享有控制权仅仅是参考条件之一。上诉机构同时还列举了"公共机构"的关键认定标准:(1)法律或法律性文件明确对有关实体授权,可直接认定该实体为"公共机构";(2)在没有法律的明示授权的情况下,有关实体被赋予政府权力并行使政府职能,可间接认定该实体为"公共机构";(3)政府对一个实体及其行为进行"有意义的控制"(meaningful control)的证据可以作为该实体履行政府职能,拥有、行使政府权力的证据。①

在证明规则上,上诉机构进一步指出,美国商务部作为贸易救济调查机构,有义务提供证据证明中国国有企业是否可以被认定为公共机构。同时,上诉机构认为美国商务部并没有对中国工商类国有企业开展调查,因此无法认定中国政府是否对其实施了"有意义的控制"。但是,上诉机构对美国商务部将中国国有商业银行认定为公共机构的做法表示认同,理由是美国商务部提供有力证据证明中国政府绝对控股国有商业银行的事实,主要包括以下几点:(1)中国的《商业银行法》第34条规定商业银行

① 参见张玉卿.WTO案例精选——WTO热点问题荟萃[M].中国商务出版社,2015,P342.

必须"根据国民经济和社会发展的需要,在国家产业政策指导下开展贷款业务";(2)中国的国有商业银行缺乏足够的风险管控能力;(3)中国国有商业银行的管理层人员均由政府指定,且中国共产党对此具有很大的影响力。① 虽然在本案中中国政府基本取得胜诉,但是,美国"创造性"地对WTO上诉机构的裁决进行过度解释,意图通过扩大公共机构的认定范围将中国国有企业纳入其中。美国商务部2012年5月18日发布的《执行上诉机构在DS379案中的裁决:关于"公共机构"问题的分析报告》列举了一系列相对宽松的"公共机构"认定标准:(1)所有中国政府独资或控股的企业;(2)所有国资参股但需要执行政府产业政策的企业;(3)拥有很少乃至没有国有股份但是受到来自政府的"有效控制"的企业。② 显然,上述报告是对WTO上诉机构裁决的刻意歪曲。

3.中国诉美国对中国部分产品实施反补贴措施案(DS437)

2012年5月25日,中国正式向WTO提起诉讼,将美国2007年以来对中国22类产品(包括厨房用金属架等)进行的反补贴调查中的错误做法诉诸WTO争端解决机制。DS437案是进一步扩大DS379案战果的又一次尝试,中国借此对美国商务部在反补贴调查中对公共机构的认定标准进行了质疑。另外,还提出包括公共机构的法律认定标准、立案标准、补贴专向性、补贴利益计算(外部基准)、不利可获得的事实、土地使用权的专向性、出口限制措施构成财政资助等③在内的若干重要争议点。在本案中,专家组沿用与DS379案相一致的公共机构认定标准,即以"政府职能"为标准进行公共机构认定。专家组认为美国商务部以"政府控股"单

---

① United States. Definitive Anti-Dumping and Countervailing Duties on certain Products from China(DS379)[R]. Appellate Body Reports, at para.349.

② 参见徐程锦.国际法视野下国有企业法律定性问题.载林中梁主编.WTO法与中国论坛年刊(2016)[M].知识产权出版社,2016,P21~39.

③ 参见肖瑾.较量:记中国阻击美国双反调查的"七年战"[EB/OL].载 http://www.guancha.cn/Xiao-Jin/2014_07_16_246963_s.shtml.

一标准作为公共机构认定标准的做法违反《反补贴协定》第 1.1(a)(1)条。①上诉机构对此项裁定表示认同。中国商务部于 2016 年 5 月 13 日宣布正式就 DS437 案启动 WTO 争端解决执行上诉程序,要求美方纠正 15 项涉华反补贴调查和裁决的违规措施。但是,美方并未在合理执行期限内履行执行义务,因此中方表示将在 WTO 争端解决框架下继续与美方磋商解决方案。

四、本章小结

推进国企改革的目标之一是通过促使国企接受市场经济优胜劣汰的不二竞争法则,激励其加快提升核心竞争力,改变对特殊体制的路径依赖。竞争中性原则旨在彻底破除影响市场公平竞争的体制机制障碍,推动构建公平竞争的市场环境。

从竞争中性原则角度看,国企制度的内生性及其在国内、国际市场上的外部性是因,中美贸易战及中国参与新一轮经济全球化进程中遇到的障碍是果。因此,当前积极推进国企改革是中国经济转型的客观要求。贯彻落实竞争中性原则有利于加快国企制度改革进程,为进一步规范国企行为提供政策方向。

---

① United States. Countervailing Duty Measures on Certain Products from China (DS437). https://www.wto.org/english/tratope/dispue/camese/de437_e.htm.026

第三章

竞争理论与竞争中性

竞争中性的理论框架建立在不完全市场竞争理论基础上,垄断行为本身就是非竞争中性的体现形式。税收中性、债务中性等一系列中性要求涉及政府规制与企业寻租问题,而在政府参与市场监管的过程中,又有政府的角色定位问题。进一步厘清公共服务义务及其成本确认问题,便涉及对公共产品服务供给和外部性问题的讨论。

一、不完全市场竞争理论

在完全竞争市场中存在着大量的买家与卖家,并且他们都是理性经济人。完全竞争市场不存在贸易壁垒,交易成本为零,并且信息流通完全畅通。这样的完美市场只存在于理论当中,目前所有市场都是不完全竞争市场。不完全竞争市场往往会产生垄断,按照垄断程度的高低分为以下三种类型,即完全垄断、寡头垄断和垄断竞争。完全竞争和完全垄断是市场结构的两个极端,在现实中,更常见的是处于中间市场状态的垄断竞争和寡头垄断,前者接近完全竞争市场,而后者更接近完全垄断市场。

(一)垄断竞争市场

垄断竞争市场是指既存在垄断,又存在竞争的市场,主要有三个特点:一是市场上存在大量厂商,且互不依存。第二,同行业中不同厂商提供的产品异质（如同一类产品在质量、价格、性能、外观等方面存在差别），但彼此存在很高替代性。第三，厂商的生产规模不大，因此进入门槛和退出门槛都较低。总的来说，当厂商在垄断竞争市场上展开竞争时，在某种程度上每个厂商都在接受市场价格，但同时每个厂商对市场价格存在一定影响，并非完全接受市场价格。同时，每种产品既有各自的独特性，又面临与其他性质相似产品的竞争，因此垄断竞争市场中垄断和竞争是同时存在的。

当市场中同时存在国有企业与民营企业时，国有企业往往基于自身与政府的密切关系以及优惠政策，在市场竞争中比民营企业享有更多的竞争优势，这种因人为干预导致的垄断因素，使得原本的竞争市场扭曲。例如，国有企业在商业活动和非商业活动中混合经营，而政府对公共服务义务的定价不清晰，导致对国企过度补贴，具体体现在国企生产的商品和提供的服务的定价上，这破坏了市场竞争。此外，国企在经营中可能不需要追求投资回报率最大化这一目标，这使得国企不必按照成本收益规则进行决策，事实上剥夺了其他市场主体的公平竞争权，限制民营竞争对手的投资和其他决策。如果国有企业提供的产品和服务在技术上效率低于民营竞争对手，竞争扭曲将更严重，甚至导致总的福利损失。

这种人为干预导致的垄断因素，会造成市场机制在形式和实质上的失灵，损害市场主体参与竞争的积极性，进而阻碍市场机制的运行，不利于整体经济的发展和提高。竞争中性原则要求简化国有企业经营形式、厘清公共服务义务、商业回报率，期望通过充分市场竞争做到资源合理有效的配置，从而有利于让最有效率的企业提供最为优质的产品和服务。

（二）寡头竞争

寡头垄断市场介于完全垄断市场和垄断竞争市场之间。在寡头垄断市场上,产品由少数几家大企业提供,每个大企业在相应的市场中占有相当大的份额,对市场的影响举足轻重。在这种市场条件下,商品市场价格不是通过市场供求决定的,而是由几家寡头企业通过协议或默契形成的。它主要具有以下特点:一是市场上存在少数几个厂商,但相互依存;二是产品可以是同质的,也可以是异质的;三是新厂商进入行业比较困难。寡头垄断市场结构同时包含垄断因素和竞争因素,这一点类似垄断竞争市场。但实际上,由于寡头垄断市场上少数大企业在市场中居主导地位,使得这些寡头企业能够轻易地通过联盟达到垄断的目的,其市场结构更趋向垄断。

寡头垄断的市场进入壁垒明显,这既是寡头垄断市场得以存在的根源,也是寡头企业主导市场的必要条件。市场壁垒可以分为两类,一类是规模效应壁垒,另一类是人为造成的行政性壁垒。具体而言,第一类壁垒是规模经济因素造成的。由于大规模生产方式可降低固定成本从而降低市场价格,使得采用大规模生产方式的厂商获得生产优势,小型厂商由于无力承担低价和较高的平均成本而被迫退出市场,最终市场上只存在少数大企业激烈竞争。试图进入该行业的企业,需一开始就形成较大的生产规模,并能占据比较可观的市场份额,否则过高的平均成本将使其无法与原有的企业相竞争,这就形成了行业进入壁垒。第二类壁垒是因政策制度因素或人为控制造成的,比如厂商或国家对某些资源、专利、市场的控制,政府对某些行业设置扶持政策、优惠政策,甚至行业准入门槛如实业许可制、认可制,也是一些行业形成行政性壁垒的原因。

不可否认,寡头的存在有其合理性及好处。例如,在生产方面,大规模生产可以获得规模效益,使单位产品成本大大降低;在融资方面,由于寡头厂商的市场占有率和营业利润率较平稳,破产风险相对低,因而它得以以较低利率获得较多的贷款,从而节约融资成本;在研发方面,由于寡头厂商资金稳定,可以投入大量资金用以研究开发,从而推陈出新。

但若是仅仅因为所有权背景而赋予国有企业占领市场的绝对优势，这对市场上其他竞争对手或者潜在竞争对手是不公平的，甚至会产生效率问题。例如，在政府公共采购中，长期存在的国有企业或者内部提供商具有先入优势、规模经济优势或其他方面的优势，会阻碍竞争对手参与竞标，由此形成寡头市场。如果国有企业提供服务的效率低于其他民营竞争对手，还可能导致福利损失。竞争中性原则提出的政府采购中性等标准也是基于上述理论，期望避免因人为因素使得原本可以充分竞争的市场产生不合理的寡头垄断。

二、垄断与非竞争中性

市场经济体系中，完全竞争意味着不同经济主体处于竞争中性的状态，能够使得资源合理配置，从而实现社会福利最大化。但在现实中，完全竞争市场只是理想的市场结构，以垄断为主要特征的非竞争中性市场普遍存在。在完全竞争的理想状态下，生产要素的拥有者只能获得正常利润，因而不会产生"经济租金"，但垄断会产生经济学上所说的"经济租金"，以及为追逐经济租金的"寻租现象"。

（一）垄断分类理论

根据垄断产生原因可将垄断分为市场垄断、自然垄断和强制性垄断三种类型。市场垄断主要是由于资源独特性、拥有专利或在市场竞争中取胜所形成的。自然垄断指因产业发展的天然需要，当某家厂商平均成本低于由两家及以上厂商生产该产品的成本时，所形成的高效率的自然垄断。强制性垄断是由于非经济力量产生的垄断，常常是具有特权性质的垄断。周其仁(2006)指出，强制性垄断通常是在保护某厂商产权的同时,限制或牺牲其他厂商的产权的情况下产生的。比如,政府授予某一厂商在该行业的独占权,或者对某厂商的独占权给予长时期保护。总之,强制性地保护特定厂商产权而不对厂商提供普遍化的产权保护就是强制性垄断。当强制性垄断的实施主体是政府机构,那就成为行政垄断。张伟,于良春(2011)认为,行政垄断是政府机构运用公共权力对市场竞争的限制和排斥,在行政垄断存在的领域,公共权力取代市场机制完成资源的配置过程。中国垄断行业的垄断属性很大程度上是由政府强制形成的,也就是行政垄断。

(二)行政垄断与企业"寻租"

行政垄断很容易产生"寻租"行为。当政府运用行政权力对企业和个人经济活动进行干预和管制时,由于行政权力的介入影响了资源的有效配置,造成市场扭曲,为少数特权者获取超额利润创造了空间。这种不合理的超额利润通常被称为"租金",而谋求行政特许或利用行政权力以获得租金的活动被称为"寻租活动"。

腐败总是与公权力的滥用相生相伴,国有企业及其相关主管机构是贪腐案件发生的"重灾区"。一些因为政府参与而处于竞争劣势地位的企业就有动机去引入政府干预或者终止它的干预,让该经济租金转化为自己的收入,这便产生了寻租行为。当寻租的收益大于成本时,寻租活动就会发生。企业的寻租活动往往与政府官员或其他组织(如银行)成员的腐败行为密切相关,两者的结合(如权钱交易等)构成了商业领域典型的腐败模式。

从党的十八大召开以来,我国加快了政治体制改革的步伐,对包括国有企业在内的各种国家部门的贪腐行为进行重点查处和整治,涉及金融、通信、能源、机械、文化等多个行业的国有企业官员落马。2020 年 1 月召开的十九届中央纪委四次全会上,习近平总书记再次强调,要"加大国有企业反腐力度,加强国家资源、国有资产管理"。在未形成健全的公平竞争市场环境的情况下,国有企业相比通过市场竞争获取市场利益而言,通过市场"特权"进行利益变现成为成本最小的"增值"途径。当处于非市场导向的市场中时,政府常常干预或管制正常的市场活动,从而产生各种租金,市场主体时常为获取租金进行竞争。但寻租活动本身并没有提升社会整体福利的功能,只是将社会福利重新调整,这种逆向配置资源的机制造成大量资源的浪费,扭曲了市场机制的作用,并引发了制度性腐败。在竞争不充分的市场条件下,各级政府掌控资源分配权,国家公职人员因此成为各种社会资源的支配者,市场主体或以权钱交易,或以权权交易的形式换取公职人员的秘密合作。某些公职人员为了牟取这种不正当利益,更不愿意轻易放弃行政权力对市场和企业正常经济活动的干预。因此,竞争不充分的市场环境和行贿受贿之间形成一个闭环:竞争不充分造成了权力寻租,权力寻租反过来加剧了市场竞争的不充分。同时,各级政府强大的管制能力在一定程度上妨碍生产要素在市场上自由流动和公平竞争,形成了部分市场的垄断。垄断本身就是一种巨额租金,可以带来垄断利润。有些人或者部门为了得到这种垄断经营权和政府提供的某种经营特权,会持续向有关主管单位的政府官员行贿,一些政府官员也会因为利益因素积极回应,二者共同寻租,腐败也由此愈演愈烈。

竞争中性要求各市场主体充分参与竞争,市场法规的制定、实施要保证公平、公开、透明,从而保证各方充分博弈,形成稳定的预期利益。这样,政府没有过大的资源配置的权力,国企没有不恰当的竞争优势,便能缩小规制方设租的空间和租金大小,使寻租的动机减弱,能够有效地降低腐败发生的概率。竞争中性原则提出的税收中性、债务中性以及政府采购中性等标准便是基于此原理。例如,在税收征管中存在寻租行为。因为税收赋予征税人一定的权力,征税人可以通过这种权力影响资源的所有者对资源的配置和使用,从而获取相应的租金。比如,政府为了干预经济设置的减免税政策,会让一些本不应该享受该政策的纳税人,想办法给自己贴上符合减免税政策的标签,这便是寻租。而纳税人既能从贿赂征税者中寻租,又能利用制度缺陷寻租。此外,当政府干预融资服务、政府采购等项目时,也会出现寻租活动。

三、国有企业制度与非竞争中性

目前,受制于中国国有企业的所有制属性和全民所有制经济的地位,竞争中性原则在中国尚未得到有效落实。竞争中性原则对国有企业的本质要求是摒弃国有企业在市场竞争中由于其公有属性而获得的不正当优势,从而不同产权或各类所有制企业均可获得相同竞争优势。即竞争中性原则落脚点是企业不因所有制(或产权)不同而得到不同程度的产权保护以及资金、税收、准入等多类型的特殊待遇。从这个意义上说,竞争中性原则实施的直接影响对象是国有企业,竞争中性原则在中国的语境中可能更贴近企业的所有制中性。但企业的所有制中性和国有经济的所有制中性是完全不同的。国有经济的所有制(非中性或中性偏离)属性在某种程度上会对企业竞争中性的程度、走向和实现进行限制。中国过去四十多年的国有企业改革的曲折历程也从一定程度上印证了研究和实施竞争中性的重要性。

(一)政府与市场关系理论

在混合制市场经济中,既有私营部门(private sector),又有政府出资成立的公营部门(public sector)。当私营部门和公营部门同时在市场上竞争的时候,政府既是市场规则的制定者、监管者,也是市场竞争的参与者,其角色很难把握。若政府放任市场自由发展,资本天生的逐利动机往往会使得公共利益和消费者利益受损;但若不加以限制地允许政府对市场经济进行干预,又容易产生因政府权力行使不当而带来的非竞争中性等问题。经济学界和公共政治学界将这两种现象分别称作"市场失灵"与"政府失灵"。

出现政府失灵和市场失灵,意味着政府或市场单独对资源进行配置是无法达到均衡状态的。一方面,由于政府通常缺乏了解实时变动的市场信息的渠道,政府活动或者干预措施不一定完全符合市场的需求。如果政府缺乏效率、官僚主义严重、政策频繁变动,政府的干预行为甚至常常会产生反效果。随着政府失灵的出现,市场中的竞争性会受到负面影响。另一方面,随着市场经济的不断发展,市场中自然垄断、信息不对称、外部性以及公共产品供给不足等经济现象逐步成为一般性市场失灵的具象化。从以上这些经济现象可知市场价格无法允分发挥市场"信号灯"的作用,从而出现资源配置不合理。此外,在市场竞争中,过度市场竞争、不平等议价能力、掠夺性定价、对不同市场主体实施价格歧视等现象依旧存在。

竞争中性原则涉及政府与市场关系以及政府角色定位的问题。一方面,在重大商业活动中,政府不能依仗自己公共部门的身份,利用行政权力或财政权力获得相对于私人部门竞争者的不合理优势。另一方面,社会的不断发展使得人们对食品安全、环境质量的要求日益提高,这些要求往往涉及对公共资源的维护以及对公共利益的分配。市场机制本身无法高效实现稀缺资源的配置,这需要政府发挥作用。

竞争中性原则提出的一系列标准,例如简化国有企业经营形式、厘清公共服务义务、确定企业特殊职能的直接成本以及监管中性,所规范的对象更多地指向政府和国有企业。国有企业作为政府开办的企业,常通过政府扶持、享有政府给予的优惠政策等,获得更多的便利甚至特权,这便直接导致同行业的私营企业不能正常发展壮大，甚至阻碍相关领域生产效率的提高。而政府在处理与市场的关系时，如果按照竞争中性原则去完善国有企业参与市场竞争的规则，将有利于营造商业经营者之间公平竞争的环境，在监管、税收、融资等领域非歧视地对待交易对象。在涉及公共产品服务方面，政府需要明确公共服务的范围与成本定价，厘清政府与市场各自作用的范围，让最有效率的企业提供最为优质的产品和服务。不仅要使市场在资源配置中起决定性作用，还要积极发挥好政府作用。

(二)产权制度与寻租

产权制度奠定了当今经济社会的各项制度，因此无法充分有效供给的产权制度可能导致整体制度结构和制度安排非均衡。以道格拉斯·诺思(Douglass North)为代表的新经济史学派认为：制度是经济增长的核心要素，而可以适当刺激个人的有效制度是促使经济增长的决定性要素。在各种制度因素中，财产关系安排即产权制度起着非常重要的作用。产权制度是指对已有产权关系与产权规则结合形成的，并且能对产权关系进行有效组合、调节和保护的制度性安排。其最主要作用为有效降低经济活动中的交易成本，从而提高资源的配置效率。根据产权理论，产权的不明晰通常会形成租金，这是由于产权模糊形成了"公共领域"，人们争夺公共领域内的产权即广义上的寻租。并且，租金被攫取的难易程度是由产权的模糊程度决定的。

产权制度下的寻租活动具有双向性：一方是寻求有利产权安排的寻租者；另一方为设租者，即主动利用社会产权结构重组的机会为己谋利。寻租者按照预期租金收益明确寻租的投入成本，设租者则出于己方利益确定租金水平，进而促使有关利益主体上供以作为租金。当不同来源的主动寻租主体在权利的需求与供给在某一个价格下达成默契时，寻租者和设租者的互动关系就可能促使发生权钱交易。

中国国有企业产权制度改革具有一定的特殊性，并且产权制度存在的问题相对复杂，因此寻租空间更大。由于政府行使国有企业所有权职能，间接决定了产权制度具有产权不明晰，产权结构单一，以及产权保护的非强制性等方面的缺陷。国有企业产权制度改革经历了从放权让利、利润留成制、经济责任制和利改税到企业承包经营责任制再到股份制改造的历史过程，相应的寻租行为也阻碍了国有企业改革的进程。产权交易是产权制度的主要内容，但是由于国有企业产权交易管理体制、产权交易市场功能、国有企业产权交易定价等方面存在问题，决定了现有产权交易制度下的国有资产有可寻租空间。

根据政治经济学理论，竞争中性原则符合产权保护平等的基本原则。从产权与国民经济体系中所有制经济的匹配关系来看，一国若是多种所有制经济并存发展（混合所有制经济），就会出现主体型所有制经济和从属型所有制经济。然而，社会经济发展的现实是法律关系中的产权与国民经济体系中的所有制经济并不总是绝对匹配的。一国现代产权法律体系是政府秉持主体型和从属型产权原则的法律基础。政府应认识到产权与所有制关系的客观规律，且遵循这一规律制定相应的产权法律体系和政策体系，秉持正确的产权原则。竞争中性原则旨在促进国有企业与民营企业平等竞争，是符合客观经济要求和发展趋势的、正确的产权原则，应当得到尊重和落实。①

清晰的产权制度让企业所有者督促管理者提高管理水平，从而提高企业效率。国有企业名义上是"全民"（最终所有者）所有、国家与政府（直接所有者）所有；实际上，因为利益关联较弱，"全民"对政府与企业不仅缺乏强烈监督动机，也因政治体制制约而缺乏一定的监督能力。两级所有

---

① 资料来源：沈伟."竞争中性"原则下的国有企业竞争中性偏离和竞争中性化之困[J].上海经济研究，2019(05)：11—28.

者看上去清晰明确,但实际监督缺位,管理者的监督机制明显弱化,这是国企效率低乃至发生腐败的制度性本源。通过产权清晰、明确权责、政企分开,实现科学管理,提高效率,可从根本上解决这一问题。

(三)融资制度与寻租

融资制度是金融体系的重要内容,为各种所有制企业提供必要的资金支持。金融体系作为经济制度体系的一部分,向社会提供公共产品。金融市场向各经济主体提供制度性产品,因此具有影响社会利益和政治经济发展的公共性。在这种情况下,带有公共产品性质的融资制度就会出现"公地悲剧",即人们乐于享受公共产品带来的好处,但缺乏有效的激励方法维护产品的持续提供。这一特性决定了只能由代表社会整体利益的政府来提供融资制度。通过政府对市场经济条件下的金融体系进行调控与干预,以维持融资制度作为一种社会公共产品的供需平衡,同时也保障金融体系健康稳定地运行。

对于国有性质的企业而言,其在金融市场中的主要活动就是融资,融资渠道主要包括以银行信贷为主的信贷市场,以及以证券融资为主的资本市场。一方面,由于中国金融体制尚在发展阶段,资本市场上的融资模式还不成熟,目前以商业银行贷款为主的间接融资方式仍占主导地位。无论是融资方式的选择还是资金安排顺序,国有企业采用银行贷款融资手段大大优先于其他外源性融资或内源性融资手段。这就产生了国有银行和国有企业信用交易双方的寻租和合谋行为。另一方面,随着国有企业的股份制改造以及证券市场的建立与发展,国有企业逐渐开始通过发行股票、企业债券等形式在资本市场进行融资。由于中国证券市场各项制度体系建设仍处于探索阶段,债券市场萎缩,以及政府对上市指标的管制,导致企业股权融资并不容易。目前,资本市场上大量的制度漏洞与监管不严使证券市场成为现阶段经济领域最大的"寻租场"。

(四)会计制度与寻租

企业会计与公司治理结构存在历史耦合的必然性与现实的对称性。会计制度一方面是企业核算的根基,同时亦是会计、审计等社会监督机制约束寻租活动的主要方法。而从另一角度说,在某种程度上会计准则作为一种特殊的公共产品具有制度供给刚性的特性,因此"寻租行为"无法避免。国有企业寻租主要针对国有资产以及企业利润,一方面,对国有资产的寻租是国有企业产权制度的问题,另一方面,对企业利润寻租是企业会计制度以及相应的会计体系的问题。在经济全球一体化大背景下,制定和选择会计准则、会计信息的披露已成为各国企业利润寻租的主要方法。

四、本章小结

相对于完全竞争市场,不完全竞争市场是指除完全竞争市场外所有具备一定垄断特征的市场。竞争中性理论建立在不完全竞争市场基础上,垄断行为本身就是非竞争中性的体现形式。在完全竞争的理想状态下,价格机制发挥调节经济供求和资源配置的作用,生产要素的拥有者只能获得正常的利润,任何高额的利润都会由于新的竞争者进入市场而消失,因而不会产生"经济租金",即不会出现持续高于正常行业利润的高额利润。然而,在现实中,市场竞争难以处于这种理想的完全竞争状态。一方面,生产要素的拥有者可以通过垄断、价格同盟等获取高额垄断利润;另一方面,政府可以通过产权制度、融资制度和会计制度等,支持某些企业特别是国有企业获得高额利润。这两种不完全竞争状态都会产生"经济租金",以及为追逐经济租金的"寻租现象"。

产权制度、融资制度以及会计制度是经济体制中形成国有企业制度性寻租行为的主要方面,而这三方面的制度缺陷构成了非竞争中性的国有企业制度根源。国有企业改革,最终还是要走产权改革之路。中国应聚焦于如何扩大经济增量改革范围,让民企得以进入国企垄断行业,与国企在市场上自由竞争,并且根据国情调整产业结构,使国企与民企在该产业保持合理比例,从而保证行业实现整体效益最大化。唯有如此,才能真正落实竞争中性原则。

第四章

国企制度改革
必须融入国际经贸新秩序

过去的经验证明,国有企业的经营管理是国际经贸规则中必不可少的一部分,国有企业制度的改革必然要符合国际经贸秩序的发展趋势。以 21 世纪初中国加入世界贸易组织(WTO)为例,为了加入世贸组织,中国政府在市场准入、补贴、税收、信贷和价格管制等方面对国有企业进行了大规模的改革,大幅提升了国有企业的竞争力,为如今中国国有企业进入国际市场打下了基础。目前,随着国内外经济环境的变化,国际社会正在进行新一轮的国际经贸规则谈判,回顾以开放促改革的历史经验,国有企业制度改革无疑需要融入国际经贸新秩序的发展。

在目前逆全球化浪潮涌动、再全球化已显露征兆的背景下,内外部对国企制度改革的呼声都不断高涨,国内外就国有企业与非国有企业应公平竞争已达成共识。无论是在多边贸易规则、区域贸易规则或是双边自由贸易协定等的谈判中,以竞争中性为核心的新一代国有企业规则都是谈判的重中之重。[①] 在 WTO 的未来改革议题中,以英美为首的国家已经积极提出要加入竞争中性的讨论。区域性谈判中以 CPTPP 为代表,已将"政府采购"与"国有企业"单独成章。中国各界也开始研究加入 CPTPP 的利弊。2019 年 1 月 9 日,国内某智库发布一篇题为《CPTPP,中国未来自由贸易发展的新机遇》的报告,该报告指出,中国应该抓住加入 CPTPP 的良好窗口期,积极主动作为,并应对 CPTPP 的"国有企业章节"的有关

---

① 2019 年日本大阪 G20 峰会前夕举行的二十国集团智库峰会(T20)提出了这一观点。

内容做好准备,不断加强对现有自由贸易体系的支持和捍卫。FTA 谈判中的中日韩 FTA 谈判、《美韩自贸协定》《美新自贸协定》都对国有企业的界定、全球竞争规则做出了实质性规定。总的来说,无论是多边贸易法律框架下,还是区域贸易平台及双边自由贸易协定谈判当中,新一代国有企业规则已经开始逐步成为国际社会公认的必备部分。

纵观当前的国际经济贸易规则,在未来的区域贸易协定和双边投资条约中,为国有企业制定专门制度会成为越来越普遍的做法。在新的国际经贸规则中制定针对国有企业的竞争中性原则正朝着系统化的方向发展,中国的国企制度改革必须融入国际经济规则改革。

一、竞争中性原则逐渐成为国际贸易新规则中的重要部分

自从 WTO 的多哈回合陷入僵局以来,其谈判功能几乎丧失,除《贸易便利化协议》等为数甚少的领域取得谈判成果外,几乎没有对全球经济发展,对国际经贸规则的新需求做出有效回应。可以说 TPP 协议在一定程度上开创了国际规则对国企参与国际竞争进行规制的先河。因为在TPP 协议之前,只有美国和新加坡的双边协议有针对新加坡的国有企业的规制,而其他的双边或区域协议几乎都没有这一方面的内容。

TPP 的出现代表着以美国为首的发达国家提高国际贸易规则标准的意愿和诉求。这类诉求尤其体现在针对国有企业和国家指定的垄断企业的竞争中性原则中。TPP 创造性地规定了关于国有企业或指定垄断企业的一系列问题,包括其定义、投资、政府对其的补贴和监管以及争端解决的内容。即使是之后形成的 CPTPP 也基本保留了这一章节的内容,这代表国际社会希望对国有企业进行规制的诉求以及竞争中性原则的先进性。

TPP 之后的 USMCA 协议中,有关于国有企业的规定也单独成章,一

方面因为这一协议也是由美国参与制定的,另一方面也能够体现出国际社会对国有企业的重视。2017 年美国发布的《美国国家安全战略报告》认为国有企业通过不公平贸易获得了经济优势,欧盟、日本等主要发达经济体在多个层面和场合也对国有企业予以了集中关注。欧盟认为 WTO 应当更清晰地定义"公共机构",用以全面覆盖国有企业。加拿大也提出,应解决最近发生的竞争扭曲,尤其是国有企业进行的市场扭曲行为、产业补贴等问题。

根据目前国际经贸规则的发展情况以及各个国家对国有企业的重视程度,为了降低国有企业对市场竞争造成的消极影响,可以预见,在今后签订的双边或多边经贸协定中,各个缔约方也会对国有企业竞争中性的要求进行探讨,该部分的规则越来越规范化是大势所趋。

(一)OECD 推动竞争中性从国内法转变为国际软法

1. 竞争中性原则由澳大利亚创设,旨在消除国内各州间的市场分割

澳大利亚是第一个以法律形式提出竞争中性原则的国家。其目的主要是为避免基于国家所有权或者控制权导致的非商业考虑,同时排除在商业活动中因公共所有权介入而导致的资源配置不公平。澳大利亚政府为扭转各州政府用限制竞争的手段来保护当地企业的行为,委托新威尔士大学希尔默(Hilmer)教授牵头调研 1974 年贸易活动法第Ⅳ部分的实施障碍,并提出改革建议。由于第Ⅳ部分规定竞争规则,所以调研报告被称为"国家竞争政策"报告(National Competition Policy Review),又由于希尔默教授的关系而被称为"希尔默报告"。依照该报告建议,澳大利亚联邦与各州和地区的政府共同签署了《竞争原则协议》(Competition Prin-ciples Agreement,以下简称 CPA)、《行为准则协议》(Conduct Code Agreement)与《实施国家竞争政策及相关改革的协议》(Agreement to

Implement the National Competition Policy and Related Reforms)等三份文件,同意对第Ⅳ部分进行修订,将所有从事商业性活动的企业和个人纳入调整范围。

1995 年,澳大利亚将竞争中性制度纳入国家竞争法体系,主要表现形式有:第一,全面适用《1974 年贸易行为法》(Trade Practices Act 1974)[现为《2010 年公平竞争和消费者保护法》(The Competition and Consumer Act 2010)] 规定的竞争行为准则;第二,对限制竞争的法律和规定进行审查与修订;第三,引入竞争中性政策;第四,要求设备所有者向其竞争者开放设备使用权;第五,建立价格监管制度。

各地方政府必须实施的竞争中性原则一般包括税收中性、信贷中性、监管中性、同等水平的资产回报率、合理分摊成本等。国有企业不得享受政府在税收、信贷和政府监管等方面给予的特殊优惠。1996 年,澳大利亚政府又颁布了与竞争中性有关的法律文件,如《联邦竞争中性政策声明》,对竞争中性原则进一步予以详细地阐述和补充。其中,实行竞争中性意味着企业在参与市场竞争时不能因自身的属性而享受到比其他企业更多的权利和自由,尤其是国有企业,不得借助政府手段享有竞争优势,从而给私有企业带来不公平的竞争。

澳大利亚的竞争中性政策实践已经有 20 多年,其竞争中性政策主要体现为以下四点:一是要求企业将公共服务活动和商业性活动的财务分离;二是国有企业不得因国有而具备额外的竞争优势;三是要求国有企业的商业回报率一般不低于该行业的长期债券利率,但可以在一定的风险限额内浮动;四是准入前的竞争中性。

澳大利亚为实施竞争中性设立了专门保障机构。为了受理有关竞争中性政策的投诉,澳大利亚政府还设立了专门的投诉办公室,任何在市场中受到不公平待遇的企业,都可以通过该办公室进行控诉,该投诉办公室也有权力通过相应的矫正措施来解决投诉,确保任何企业都处于公平的竞争环境之中。

澳大利亚签署的《竞争原则协议》所涉及的政府企业不能仅仅因为其公共部门所有权的性质而享有任何竞争优势,但其只适用于公共机构从事的商业活动,不适用于非商业和非营利活动。这说明澳大利亚根据国有企业从事的活动的不同性质来区别竞争中性的适用范围。

2. OECD 是第一个研究竞争中性的国际性组织

OECD 其最终目的是为国际市场创造一个公平竞争环境,各成员国需要在这一目标的指导下重新审视现有的法律和法规,使任何企业不得拥有非中性的竞争优势。按照这个观点,OECD 中竞争中立的定义更为一般化,适用的范围也更为宽泛,即不仅限于传统的国有企业,还包括其他政府商业活动,例如享受税收减免等优惠的具有公益服务性质的公共部门所开展的商业活动,或者深受政府影响的私营企业。

OECD 规制国有企业的原因在于,其认为国有企业具备私营企业所不具备的竞争优势,所以在与私营企业共同竞争时享有更强的竞争力。即,企业并不是依靠自身的实力取得的竞争力,政府给予的扶持才是根源。而之所以提出竞争中立规则,其目的在于尽量减少国有企业所享有的政府给予的不合理竞争优势,从而保持国有企业与私营企业之间相对公平的竞争。

但是,OECD 并未对所有国有企业或是政府的行为进行规制,在其竞争中立框架下规制的国有企业的活动是商业性的活动,即必须符合商业原则和商业特性。其中,最重要的就是区分营利性活动与非营利性活动。

此外,OECD 认为各成员国需要考虑是否对包括中央、区域和地方在内各级政府的国有企业实行竞争中立。中央层面的国有企业无疑对竞争中立构成的威胁最大,但地方政府对竞争的影响程度也在提高。如果竞争中性制度不涵盖地方政府,那么实施的效果将会大打折扣。

OECD 在确定竞争中立的适用范围时,也考虑到是否存在实际的或潜在的竞争对手以及成本和收益这两个因素。因为竞争中立制度有效实施的前提是市场上存在竞争者,但不一定需要"真实"存在的竞争对手,因为国有企业享有的优势可能会阻碍潜在的竞争者进入该市场。成本收益分析反映了竞争中立制度实施的效率,只有在实施的收益大于实施的成本时,这种制度才是有效的。

综上所述,可以看出 OECD 所倡导的竞争中性模式,既涉及政府与企业之间的关系,又涉及对国有企业内部治理结构改革的引导。例如,2005年 OECD 发布的《经合组织国有企业公司治理指引》,提出了一套针对国有企业公司改革和治理的框架。此后,OECD 相继发布了一系列关于竞争中立的研究报告。这些报告总结了国有企业在世界范围内存在的"竞争优势"以及 OECD 成员国在竞争中立问题上的态度和实践,并呼吁国际社会积极引入竞争中立理念和制度。

当然,OECD 并非国际法的立法主体。中国也不是 OECD 的成员国。然而,其发布的报告可作为制定未来国际规则的参考。本部分主要对 OECD 发布的《竞争中性:经合组织建议、指南与最佳实践纲要》和《国有企业公司治理指引》进行介绍。

2012 年,OECD 发布了《竞争中性:经合组织建议、指南与最佳实践纲要》(Competitive Neutrality:A Compendium of OECD Recommendations, Guidelines and Best Practices)[①],此份报告总结了国家主管当局为实现竞争中性需优先解决的八个问题,下文将对这八个问题进行简要的分析说明:

一是精简政府企业的运作形式。即要求对政府从事的商业活动进行改革,以其是否从事商业活动或具有商业目标为区分标准,促进从事商业活动的政府企业逐步私有化,并且按照公司化的管理模式运营。这样可

---

① 见:Competitive Neutrality:A Compendium of OECD Recommendations, Guidelines and Best Practices[EB/OL].http://www.oecd.org/daf/ca/50250955.pdf.

以将政府与企业分离,避免监管者从事提供商品或服务的商业行为,从而保证市场内的公平竞争。

第二,确定特殊职责的直接成本。如果公共服务义务由公共资金补贴,那么应该以透明的方式确定成本,确保既不过度补偿也不亏损。制定适当的成本分摊机制对于确保竞争中立至关重要。和私营企业相比,国有机构的成本制度可能会使其处于优势或劣势,例如它们的员工成本可能相对较高,而资本成本相对较低。这种成本优势和劣势应该被清楚地识别、量化并作出合理的解释说明。为了确保竞争中立,政府从事商业活动的成本结构应该考虑以下几点:一是公共服务义务产生的额外成本;二是融资、税收及相关监管影响产生的预期优势;三是除了计算公共服务义务的成本、融资和监管优势外,还要预估国家预算对这些实体投资的补偿性收益。此外,在确定特殊职责的直接成本时,还需提高企业的透明度和会计要求。

第三,获得合理的商业回报率,要求国有企业从事商业活动应该获得与同行业类似企业相当的回报率。如果不要求国有企业在进行生产经营过程中获得与市场一致的回报率,在受到政府支持的背景下,它们可能会采取不正当的竞争手段,例如压低价格等,这会削弱私营企业的竞争力,损害其利益从而导致扭曲自由竞争的市场。

第四,履行公共服务义务。国有企业不同于私营企业最大的一点在于国有企业有时可能会执行国家的公共政策,即提供公共服务。在这种情况下,国有企业可能会接受国家的财政补贴或者是使用国家预算。竞争中性制度并不禁止国有企业提供该种服务,也不禁止各国为这种服务付费,但是政府支付的金额不能超过合理限度,并且要求其以透明的方式提供。

第五,税收中立,要求国有企业和私营企业从事商业活动时承担同等的税负。在提供税收优惠待遇时,应该明确给予待遇的标准,使无论是国有企业还是私营企业,只要符合给定的条件都能够享有减免税待遇。如果因为某种原因导致不能平等适用税收规则,也应在这些方面保持高标准的透明度。

第六,监管中立,要求使国有企业和私营企业处于相同的监管环境。国有企业因其公有制性质,可能会享有某些监管豁免或者监管方面的优惠待遇,尤其是在其商业行为和政府行为相混合的情况下。但竞争中立要求禁止企业享有这些优待,或者要求国有企业以公司的形式设立并运营,或者将监管的范围扩大至国有企业。

第七,债务中立和直接补贴,要求国有企业按照和私营企业相同的条件获得信贷。国有企业可能因获得明面上的或潜在的政府支持而更容易在金融市场上获得贷款,但这是有违竞争中立原则的。金融市场应设定明确的获得资金的条件,使国有企业和私营企业能够以企业性质以外的条件平等地获取信贷。

第八,政府采购中性,要求各国的采购政策和程序具有竞争性、非歧视性和透明性。该方面在于确保政府采购不会倾向于国有企业或是与政府有联系的企业,而是对所有参与竞标的实体一视同仁,消除任何不平等待遇。

2005年,OECD发布《国有企业公司治理指引》(以下简称《指引》),该《指引》对推动各成员国国有企业公司治理改革、建立国家治理规范和规则、提高国企经济效益等方面均发挥了至关重要的作用。作为一个非约束性的国际标准,《指引》成为开展国有企业公司化改革及其治理的框架性文件。2015年OECD对《指引》进行了重新修订,就平等市场竞争、平等对待股东、保护利益相关者、信息披露和董事会等方面做出了重点规定。新修订的《指引》对我国国有企业改革具有重要的指导意义,尤其是在完善国有企业的公司治理、透明度、问责机制和国家有效行使所有权等方面有直接的参考价值。

2015 年《指引》重点内容有以下几个方面：

（1）国家所有权的合理性。《指引》第一章"国家所有权的合理性"是本次修订新增加的内容，旨在强调制定国家所有权政策的必要性。通过制定明确的国家所有权政策管理国有企业是许多国家的成功经验。① 国有企业对于国家发展意义重大，其宗旨在于通过合理配置资源最大化社会价值。国家应该制定所有权政策，政策应包括明确国有所有权的合理性，国家在国有企业治理中扮演的角色，如何实施所有权政策，以及政府机构在实施这些政策时的角色与承担的责任。

（2）国家作为所有者应遵守的规则。"国家应该作为一个知情且积极的所有者，确保国有企业的治理能够以一个透明并可靠的方式进行，同时应该保持高度的专业性和有效性。"（《指引》第二章）这部分内容包括三个方面：首先，国家（政府）是公众的委托人，能够行使所有权职能，除了要明确有关所有权的政策目标外，还应积极履行出资人职责。② 其次，确保国有企业公司治理的有效性。最后，要以透明和问责的方式行使所有权。

（3）市场中的国有企业。《指引》第三章将"市场中的国有企业"作为单独一章加以阐述，这是对 2005 年版的补充。"与国有企业有关的法律或规定、框架应该符合国家所有权的合理性，并且能够确保在国有企业从事经济活动时有一个公平竞争的市场环境。"（《指引》，第 20 页）。由于国

---

① 经济合作与发展组织.公司治理问责与透明度：国家所有权指南[M].李兆熙、谢晖译.中国财政经济出版社，2011.

② OECD 国家管理和运营国有企业的实践经验表明，国家作为一个积极的所有者行使其职责主要包括七个方面：(1)委派代表出席股东大会并行使表决权；(2)建立规则透明的董事会提名程序并积极参与董事会的提名，促进董事会多元化和专业化；(3)设定国有企业的受托责任和经营目标，包括财务指标、资本结构目标和风险承受水平，并监督其实施；(4)建立报告制度，允许所有权实体对国有企业的绩效进行定期监督、审计和评估，并对其是否遵守相关公司治理标准进行监督；(5)制定国有企业信息披露政策，规定应当公开披露的信息范围、适当的披露渠道以及确保信息质量的机制；(6)在法律体系和国资权限允许的情况下，与外部审计机构和国家监察机构保持持续对话；(7)确保国有企业董事会成员的薪酬计划有利于公司的长期利益，并能吸引和激励合格的专业人才。

家在企业经营中同时扮演企业所有者和市场监管者的双重角色，这种既做"运动员"又当"裁判员"的矛盾冲突，很容易扭曲市场的公平竞争。因此，为了防止利益冲突，将政府的双重职责分离是避免竞争扭曲的先决条件。①

（4）平等对待所有股东和其他投资者。这一章着重阐述国有股东与非国有股东的关系，具体分为两种情形：在国有独资或国家控股公司中，国家作为占据支配地位的大股东，有权不经其他股东的同意，直接作出决定，并且享有决定董事会组成的权利；在国家占少数股份的公司中，国家股东有可能利用国家的特殊地位使其他股东得不到公平对待。

（5）与利益相关者的关系和企业社会责任。2005 年版主要关注国有企业中利益相关者在公司治理中的作用。而新修订的《指引》更加强调如何保护利益相关者的利益和国有企业作为有社会责任担当的企业的基本要求。此外，针对国有企业的制度安排和国有企业工作人员（包含高管和一般职员）的职业道德准则做出了指引。例如，其认为"国有企业应当高度透明，并在会计、披露、合规和审计等方面保持与上市公司同等的高标准和严要求"。

（6）信息披露和透明度。提高国有企业的财务和非财务绩效的透明度是强化国有企业董事会和管理层的问责制，保障国家作为所有者的知情权的关键所在。②

（7）国有企业董事会的责任。OECD 认为提升国有企业董事会的自

---

① OECD. Competitive Neutrality: Maintaining a Level Playing Field Between Public and Private Business[R]. 2012.

② 制定并公布国家所有权报告，是一些国家管理国有企业的良好做法，它们的经验值得借鉴。《指引》（第六章 C）指出："所有权实体应当针对国有企业建立一套统一的报告体系，并于每年公布国有企业总体情况报告。一些国家通过互联网发布报告，有利于公众更为便捷地获取信息。"由挪威贸易、工业及渔业部每年发布的《政府所有权报告》，阐述国家所有权政策目标是，"国家对国家所有权的长远目标，意味着公司的董事会必须充分考虑以下因素，如良好的环境、重组、多样性、道德，以及研究与开发，来促进长远的发展"。

主权,改善其治理质量和成效,是确保国有企业实现高质量公司治理的根本。国有企业董事会的职能与其他类型企业并无区别,即它必须具有必要的权威性、能力和客观性,用以履行在战略方面的指导职能和对管理层的监督职能。①

尽管 OECD 试图将竞争中性的政策工具类型化并上升为指导性建议,但 OECD 尚未就具体实施竞争中性政策提出一套系统化的方案。其在竞争中性方面的指导性建议过于原则和笼统,无法提供一个涉及各成员国市场发展程度、行业监管理念、竞争监管目标以及社会责任承担等方面的政策工具体系,指导性建议之间也缺乏严密的逻辑关系,无法避免国有企业治理规范与竞争政策的相对独立和脱节的现实问题。

(二)跨国贸易协定中的竞争中性原则

2015 年 5 月,TPP 文本正式公布,其中第 17 章专设了"国有企业"部分,特别是其中的"非商业援助条款"是第一次在区域贸易协议层面上针对竞争中性原则系统性规定。时隔三年之后,美日欧三方于 2018 年 5 月 31 日发表联合声明,认为对国有企业大幅度的补贴造成了不公平的竞争现状,要求适用竞争中性原则并明确国有企业和公共机构的关系。2018 年代替 NAFTA 的 USMCA 中也蕴含了关于国有企业竞争中性原则的相关规定,USMCA 中规定的国有企业,不仅包括政府拥有绝对控制权(股份比例超过 50%)的企业,还包括即使不拥有控股权,但却有实质性控制

---

① OECD 认为,为了全面、有效履行职责,国有企业董事会应从以下六个方面着手:(1)在公司的整体目标框架内,制定(批准)、监督、审核公司战略;(2)制定适当的公司绩效指标,识别重大风险;(3)不仅针对财务和经营风险,也针对人权、劳动力、环境和税收相关问题,制定有效的风险管理政策和流程,并加以监督;(4)监督披露和沟通流程,确保财务报告公允地报告国有企业的事务,并及时反映国有企业面临的风险;(5)评估和监督管理层绩效;(6)决定首席执行官的薪酬,并针对核心高管制订有效的继任计划。

能力的企业,这些企业必须遵循市场化的运作机制,国家仅能作为股东享有权益。尽管国际多边贸易新规则中的国有企业规则不像澳大利亚和OECD指引一样采用"竞争中性"的术语,但同样体现了公平竞争的精神和目标。[1] 这意味着国有企业竞争中性原则开始被纳入多边贸易协议体系。

国际贸易规则中的"竞争中性"对中国提出新的挑战,同时也带来了新的机遇。

纵观 TPP/CPTPP、USMCA 以及美欧等签订的双边协议,竞争中性原则的体现与 OECD 指引中的体例完全不同。其主要是以规范国有企业参与竞争时的国家行为为主。TPP 协议在第 17 章"国有企业规则"中就围绕国有企业享有的上述两大竞争优势而制定了三项核心条款:非歧视待遇和商业考量条款、非商业性援助条款以及透明度条款。[2]

1.非歧视性待遇和商业考量条款

TPP/CPTPP 第 17.4 条规定:"每一缔约方均应确保其每个国有企业在从事商业活动时以符合商业考量的方式购买或者销售货物或服务。"商业考量主要应考量以下三点:(1)从内容方面看,贸易协议的商业考量条款具有公平竞争的商业化运作要求,超越了 WTO 仅强调非歧视的要求。(2)从适用对象看,商业考量规则适用范围更广,既适用于国有企业也适用于指定垄断企业。被授予特权的垄断型非国有企业在商业运营过程中同样要遵守商业考量规则。(3)从法律效果看,商业考量规则条款可通过争端解决机制来确保适用,有可强制执行的保障机制。

"商业考量"被明确为国有企业的行为准则能促进国有企业在市场上像私营企业一样行事。具体来说,第一,该条款首次提出国有企业参与商

---

[1]　石伟."竞争中性"制度的理论和实践[M].北京:法律出版社,2017:39.

[2]　USMCA 以 TPP 为蓝本,其核心内容大致一致,所以我们以 TPP/CPTPP 中的"国有企业"章节规定为主。

业活动要参照私营企业,要求国有企业像相关领域的私营企业一样,在商业运营中重点考虑商业因素或商业惯例,尤其要排除政治性因素的影响。第二,从执行主体上看,商业考量表面上是对国有企业的要求,但其贯彻落实同样需要政府抑制干预冲动。实质上也是对政府提出了不干预企业经营行为、不对国有企业施加政治任务的要求。第三,商业化考量作为国有企业竞争中性原则的内容之一,可将对国有企业适用竞争法要求这一未被世贸组织采纳的主张予以推广。

2.创设"非商业援助"制度

TPP/CPTPP 协议明确要求构建以"非商业援助制度"为名的新反补贴规则,这是对现有国际法规则的创新,旨在消除一国政府对国有企业的补贴造成的负面溢出效应。在 TPP 之前包括国有企业规定的贸易协议中,均没有关于非商业援助的规定。而且值得注意的是:这一制度设计的内在逻辑是"国家持有企业的所有权或控制权"引发了与国有企业相关的竞争扭曲。

其主要包括以下三个要件:(1)宽泛的主体要件。规定政府和国有企业都可成为提供非商业援助的主体,直接超越了 WTO 框架下《反补贴协议》中国有企业是否适格补贴主体之争,约束了政府为国有企业、国有企业为国有企业进行利益输送的渠道。(2)宽松的非商业援助范围和标准。规定只对国有企业提供的援助、主要由国有企业使用的援助、国有企业接受的巨额援助以及通过裁量向国有企业倾斜的援助都在监管范围之内。(3)宽松的因果认定关系。"非商业援助制度"虽然直接移植了《反补贴协议》中关于损害认定的规定,但规制主体和内容却相当宽泛。一方面,它将适用范围从货物贸易拓展至服务贸易和投资领域;另一方面,它又对"不利影响、产业损害"作宽泛认定。

USMCA 第 22.6 条第 1 款在 TPP 的基础上增加了 3 项严格禁止的非商业援助内容,分别为:禁止缔约国政府和国有企业向其他没有信用担保的国有企业提供贷款或者贷款担保；禁止对没有可靠重组计划的破产国企提供非商业性援助；禁止将国有企业的未偿债务转为权益。显然，USMCA 中推出了更苛刻的国有企业条款，明确反对国有企业仅因国有性质而不论资信能力轻易获得政府贷款和担保，反对国有企业"大而不破"、以"债转股"方式获得重生的现象。

3.透明度规则

在环境法、人权法、贸易和投资法等领域以及国家和国际组织，最近都强调建立更透明的机制和程序，并且得到了呼应，这一现象被称为全球治理的透明度转变。

TPP 第 17.10 条是对缔约方有关透明度的要求。第 17.10.1 条和第 17.10.2条规定，各缔约方应该迅速通知其他缔约方或者在官方网站上公布其国有企业名单以及指定垄断的企业，包括对现有指定垄断的扩大和授权的条件。此外，根据第 17.10.3 条的规定，经另一缔约方的书面申请，一方应迅速提供关于国有企业或指定垄断企业的信息。在此基础上，第 17.10.4 条还规定，经另一缔约方书面请求，一方应迅速以书面的方式提供其采用或维持的非商业援助的政策或计划。

TPP 下的透明度规则主要体现出的特点有两个：第一，TPP/CPTPP 协议下国有企业通报义务来源更广。国有企业和透明度作为两个新的横向议题很可能适用于服务贸易、货物贸易、投资、政府采购等多个纵向议题。第二，TPP 下国有企业的通知义务更加明确。此外，在美国和新加坡的 FTA 中，其第 12 条第 5 款规定缔约一方有义务基于另一缔约方的请求，公开相应的国有企业信息。然而，美新 FTA 并未规定公开信息的范围。

TiSA 中的"透明度义务"与 TPP 基本一致，其本身在执行过程中也会产生诸多问题。例如，如何把透明度义务与保护涉密信息的关系处理好，如何对社会公众也保持足够的透明度，这是在执行条款和将来完善条款时应该考虑的问题。同时,这些规定对发展中国家来说是相当严厉的,特别是对那些发展中国家缔约方构成的挑战不容忽视。此外,欧盟在TTIP谈判中也提出了对国有企业的透明度要求。在欧盟提出的草案文本中,一缔约国可以要求另一缔约国的某特定企业提供相关信息。① 但是,请求方必须能够证明被请求方的特定企业从事了扭曲竞争的活动,从而可以避免滥用透明度义务。

由于推动国有企业进行商业化的改革对于各个国家来说都是非常重要的领域,各项协议从透明度的角度切入予以规范,最终未能直接规定商业化改革的条款,从而体现了各方在该问题上最终保留了相对稳健的改革步伐。

4.以现代公司治理规则推进国有企业的身份独立

为了使国有企业顺利成为与私营企业类似的微观经济体,竞争中性原则还提出了“现代公司革命”的要求。当前,TPP、USMCA 协议主要通过透明度、技术合作等条款间接要求国有企业进行公司良治②;而欧盟签署的相关协议则直接在协议中推出公司治理条款。排除国有股东对董事会的政治干扰,避免政府管理市场角色和政府出资人身份相互混淆,有助于实现国有企业的竞争中性和身份独立。

从以上分析可以看出,竞争中性原则是符合市场经济发展的客观规律的,也有利于增强市场活力,这是国际经贸规则演变的重要趋势,同时中国想要参与国际竞争也无法回避这一国际市场新规则。竞争中性作为指导原则,借鉴其中有利于中国的经验,继续推进国有企业的改革,将有

---

① European Commission, Textual Proposal, above n 88, at Article 7.4.
② TPP 和 USMCA 的透明度条款规定,缔约方要提供的国有企业信息包括国有股比例、投票权比例、特殊股份、董事会成员的政府头衔等。这些强制要求披露的国有企业公司结构信息,既是判断国有企业与政府关系的重要指标,也是判断国有企业是否具有良好的公司治理的依据,具有迫使国有企业运作不透明、不规范的国家重塑其国有企业组织的功效。

助于推动中国参与国际规则治理进程及促进国有企业市场竞争力的
提升。

(三)竞争中性原则成为 WTO 未来改革议题

自美国代表于 2017 年 7 月在 WTO 总理事会上表示必须关注 WTO
的体制性问题,并且建议启动系统性改革谈判以来,欧盟、中国、美国、日
本、加拿大和澳大利亚等诸多 WTO 成员均以不同方式提出自己的改革
设想和方案。对 WTO 进行必要改革已经是主要 WTO 成员的初步共
识。[①]

2018 年 9 月 18 日欧盟发布了《关于 WTO 现代化的概念文件》(以下
简称《概念文件》),详细阐述了欧盟对于 WTO 改革的主要主张[②];加拿大
也于 2018 年 9 月 24 日向 WTO 提交了《强化和现代化 WTO:讨论稿》
(以下简称《讨论稿》)[③],并于 2018 年 10 月 24—25 日在渥太华与其他 12
个[④]不包括中国和美国在内的 WTO 成员进行会晤,并在会后发表了
《WTO 改革部长级会议联合公报》。[⑤] 中国与欧盟、加拿大等 11 个 WTO
成员于 2018 年 11 月 22 日就争端解决上诉程序改革向 WTO 提交了联合

---

① G20 Leaders'Declaration: Building Consensus for Fair and Sustainable Develop-ment, http://www.g20.utoronto.ca/2018/2018-leaders-declaration.html, visited on 10 De-cem-ber 2018.

② See WTO Modernisation Introduction to Future EU Proposals, http://trade.ec.eu-ro-pa.eu/doclib/docs/2018/september/tradoc_157331.pdf, visited on 27 November 2018.

③ See Strengthening and Modernizing the WTO: Discussion Paper Communication-from Canada, http://international.gc.ca/gac-amc/campaign-campagne/wto-omc/discussion_paper-document_travail.aspx? lang= eng, visited on 27 November 2018.

④ 12 个成员分别是澳大利亚、巴西、智利、欧盟、日本、肯尼亚、墨西哥、新西兰、挪威、新加坡、韩国和瑞士。

⑤ See Joint Communiqué of the Ottawa Ministerial on WTO Reform, https://www.canada.ca/en/global-affairs/news/2018/10/joint-communique-of-the-ottawa-ministerial-on-wto-reform.html, visited on 27 November 2018.

提案。并且,中国还与欧盟及印度另行补充提交了联合提案(以下简称《中欧加印等联合提案》)。① 此外,2018 年 11 月 23 日,中国就 WTO 改革发布了三项规则和五项主张。②

在诸项提案中,《美日欧联合声明》讨论了因大规模的市场扭曲补贴和国有企业造成的不公平竞争,并同意采取一些初步联合行动,作为进一步制定更严格的产业补贴规则的基础。欧盟的《概念文件》也提出有关补贴和国有企业问题的建议:首先,提高透明度和通报补贴情况,如建立直接或者间接的激励措施,促使 WTO 成员全面履行通知义务或建立一种总体上可反驳的推定机制;其次,加强对公共机构和国有企业的约束,比如澄清公共机构的定义和构成,解决不属于公共机构的实体受国家影响的市场扭曲问题,以及制定规则以应对国有企业造成的其他市场扭曲效应,同时也为公共机构和国有企业设置包括提高透明度在内的额外义务。

就国有企业而言,CPTPP 和 USMCA 已经将针对国有企业的规则单列为一章进行规制。具体内容除了传统的非歧视和商业考量以外,透明度的规则已大为扩展和丰富。另外,关于监管中性、竞争中性等原则也在新的双边和区域贸易协议中有所体现。因此,国有企业规则的发展和不断更新已经呈现出不可逆的趋势。

基于对国际经贸规则演变趋势的判断,中国可以对 WTO 的改革和贸易新规则持更为开放的心态,在竞争中性原则的适用方面,结合中国国有企业改革的方向和需要,适度参与国有企业规则的制定过程,以免在对中国最具核心利益的规则内容制定上被边缘化。

---

① 商务部.中国、欧盟等成员向世贸组织提交联合提案 推动尽快启动上诉机构成员遴选 [EB/OL].[2019-03-12]. http://www.mofcom.gov.cn/article/ae/ai/201811/20181102810497.shtml; WTO, General Council, http://trade.ec.europa.eu/doclib/docs/2018/november/tradoc_157514.pdf.

② 商务部宣布中国对世贸改革的三项规则和五项主张[EB/OL].https://www.mofcom.gov.cn/article/i/jyjle/201811/20181102809847,shtml.

二、竞争中性原则在国际规则中的不同应用模式

竞争中性原则的应用模式以澳大利亚模式、美国模式和欧盟模式三类架构设置为代表,这三种模式在适用范围、实施方式、规范强度等方面均存在差异。在国有企业全球治理体系形成的初级阶段,中国应当利用自身在国际社会中的话语权参与到国有企业规则的构建当中,同时围绕竞争中性原则继续稳步推进国有企业改革以适应国际经贸规则的变化。通过借鉴这三种模式架构,提出更加适合中国国情的中国方案。

(一)涵盖国企制度改革及国企改革——澳大利亚模式之鉴

澳大利亚倡导的竞争中性模式以国有企业改革为主要内容,其竞争中立政策包含于本国国家竞争政策之中。本部分重点将要对上文提到的澳大利亚的竞争中立原则适用的主体以及规则的主要内容进行详细的介绍,并辅以案例帮助理解。

1.澳大利亚竞争中立原则的规制主体

依据澳大利亚的《联邦竞争中立政策说明》的规定,可见其竞争中立原则主要规制以下四类主体:

一是政府企业。国有企业以在市场上销售货物或提供服务为主要职能,从而获得商业回报。它在法律上独立于联邦政府,并在开放的市场上与其他各种形式的企业竞争。一般政府企业以公司制或管理局制作为主要形式,其设立由部委级的政府决定。政府企业以银行为媒介进行资本交易,并以符合商业惯例的方式直接投资其剩余利润。大部分政府企业能够从金融市场中得到商业贷款,它们若从其他企业借款,需要得到澳大利亚贷款委员会的批准。政府企业可以盈利,但也必须向股东分红。

二是非政府公司和管理局。即使是非政府企业,也可以在开放的市场上竞争。它们的主要功能是履行公共职能,一般需要用财政预算或者税收来补贴每年的运营赤字。根据规定,管理局受到竞争中立原则的规制,商业活动年营业额需要超过 1 000 万美元。通常联邦有限责任公司应该遵守所有竞争中立原则,并且受竞争中立投诉机制的约束。

三是政府商业部门。政府商业部门是根据政府的行政安排而设立的,以在市场上销售货物或提供服务获取商业回报作为其主要职能。其经营和管理机构和其他政府机构相分离,并能够为获得商业回报而申请预支财政预算资金。同时,政府商业部门也有盈利的要求,需要向国家财政预算分配红利。澳大利亚的政府商业部门已逐渐享有自行选择交易对象的权利。

四是其他进行商业活动的政府企业。某些联邦政府部门的附属职能包括偶尔或临时性地从事商业活动,其在从事商业活动期间受竞争中立原则约束。

从"竞争中立"的定义可以看出,为了实现创造公平竞争的市场环境的目的,澳大利亚的竞争中立原则不仅规制政府管理的企业及其分支机构,而且还约束几乎所有的产业部门。[①] 但竞争中立原则并不规制国有企业的所有行为。根据澳大利亚的《联邦竞争中立政策说明》,只有"重大的政府商业活动"才受到竞争中立原则的约束。

认定"重大商业活动"时可以考虑的因素包括:该商事活动提供的是商品或服务,无论是提供给私人部门还是公共部门,也无论提供后能否收回成本;国有企业经营的商业活动必须有真实存在的或是潜在的竞争者,不论竞争者是另一国有企业还是私营企业,用户都有权自由选择交易对象,而不受法律或是国家政策的限制;企业的经营活动还要体现一定的独立性,能够独立完成商品或服务的生产、供应和定价。

[①] 刘笋,许皓.竞争中立的规则及其引入[J].政法论丛,2018(5):53.

可以从 State Flora 一案中进一步明晰"重大商业活动"的概念。State Flora 案件是由南澳大利亚州的竞争委员会负责审理的一个关于苗圃管理的案件。State Flora 公司是由基础产业与资源部联合管理的,它拥有两块苗圃,其中一块用来零售和批发,剩下的一块用来进行零售。竞争委员会认为 State Flora 公司将导致"令人可怕的竞争"。委员会首先判断该公司有没有从事"重大商业活动",委员会根据该公司开展经营行为的目的、经营形式以及经营过程三个方面的证据,认为 State Flora 存在从事或者参与商业活动的行为。并且根据市场划分和市场结构两个因素认定 State Flora 公司开展了具有重大影响力的商业活动,因此可以适用竞争中立原则。

目前澳大利亚竞争中立投诉办公室公布的案件中,不只有申诉方要求被诉方适用竞争中立政策以维持正常市场秩序,还有要求被诉方不适用竞争中立政策从而降低申诉方成本的,APS 案就是一个例子。

澳大利亚保护局(APS)是英联邦检察总署的一个部门。除其他功能外,它还在澳大利亚的 11 个主要机场提供反恐第一响应(CTFR)服务。CTFR 的目的是阻止机场发生恐怖袭击,并在发生袭击时做出快速反应。每当大型飞机装卸时,都要有一支身穿制服的武装保安部队在机场客运大楼和常规公共交通停机坪地区进行巡逻。CTFR 与其他安全措施(例如机场的常规社区治安以及航站区旅客和手提行李的电子安全检查)分开。根据政府政策,APS 提供所有 CTFR 服务(澳大利亚联邦警察提供 CTFR 的堪培拉机场除外)。1998 年,APS 增加了对 CTFR 的收费,以遵守竞争中立政策,根据 APS,收费增加了约 5%。

1998 年,澳大利亚航空代表委员会(BARA)和澳大利亚航空协会(AAA)分别向 CCNCO 致函称,APS 不应对其在机场提供 CTFR 服务的收费适用竞争中立政策。BARA 和 AAA 的理由是,出于竞争中立的目的,CTFR 服务的提供不符合商业活动的要求,因为 APS 在提供这些服务方面没有实际或潜在的竞争对手,并且机场无法选择购买其他提供者的服务。

CCNCO认为,首先,APS的CTFR活动符合《联邦竞争中立政策说明》关于商业活动的定义。其次,无论如何,英联邦政府已决定,提供可竞争和不可竞争的"商业"服务的代理商应在两个活动领域都应用竞争中立原则。该政策的目的是确保代理机构不会使其不可竞争的商业活动补贴其竞争性服务。该政策实际上使关于CTFR是否属于商业活动的任何辩论都变得多余。最后,CCNCO还认为该政策与一般公共部门的改革相一致,例如权责发生制会计和对机构资产收取资本费用,以使提供服务的全部资源成本透明化。考虑到这些因素,CCNCO建议将竞争中立原则继续应用于APS的CTFR功能。

然而,竞争中立原则只规制国有实体的商业活动,不适用于这类实体的非商业或非营利活动。比如,国有企业只向政府部门提供商品或服务,或者该国有企业以实现某种社会职能为其主要功能。但是,应该明确的是,非营利不意味着国有企业不盈利,而只是禁止其通过提供商品或服务牟利。此外,国有企业即使从事营利性或经营性的商业活动,符合法律调整竞争中立原则的要求,也不必然受到竞争中立原则的约束,除非实施竞争中立后得到的利益大于其实施成本。

2.澳大利亚竞争中立原则的主要内容

（1）税收中立措施

税收中立要求政府在同等条件下不得给予国有企业和私营企业不同的税收减免或其他税收优惠待遇,即应制定统一的标准,确保国企和私企享有相同的税收待遇。

税收可以被视为一个国家的主要财政收入来源,而企业税又是整个税收的重中之重。虽然世界各国在企业征税方面规定了不同的税种,但是无论对哪一个企业来说,税款都是一项非常大的支出。而且虽然各国国有企业的形式不同，但它们多多少少都承担了一定的社会公共职能。基于各种原因，国有企业能够享受到政府给予的优惠待遇从而在市场竞争中处于优势地位，其中就包括税收减免。这可能导致私营企业在与国有企业竞争时想要取胜就要付出更大的代价，甚至是无法获得利润，对于私营企业来说，这是非常不公平的。而税收中立就是为了消除或弱化因税收减免而带来的不平等。

澳大利业政府意识到，要想提高行业的发展水平，国有企业就应该像私营企业那样，承担一定的运营成本。因此，绝大部分国有企业应就其从事的商业活动向国家纳税，无论以直接方式还是间接方式。在竞争中立框架下，税收中性要求国有企业与私营企业承担同样的纳税义务。

ARRB 案也确定了这一规则。1965 年 ARRB Transport Research Limited 正式注册成立。这是一家受担保限制且没有股本的上市公司，其 10 个成员为州、道路管理当局、英联邦交通与区域服务局和澳大利亚地方政府协会等。直到 1990 年代，ARRB 一直主要作为研究机构运作，资金来源于成员政府。为了增加资金，ARRB 进行了一些次要的"商业"活动，出售其核心研究工作衍生的产品。1999 年初，成员们决定 ARRB 仍应是一家上市公司，但要作为独立的商业实体进行运营。

Capricorn Capital Limited 认为 ARRB 的政府企业地位会使其拥有免税，从而违反竞争中立政策。CCNCO 经过调查发现，虽然 ARRB 最初是作为研究机构而成立的，无须缴纳公司税；但是，在对该公司章程进行更改并将重点转向商业活动之后，澳大利亚税务局（ATO）对该豁免状态进行了审查。在 2000 年 12 月，ATO 通知 ARRB，1998—1999 财政年度将是获得免税待遇的最后一年。ARRB 现在应对所有相关公司税负责。即，尽管 ARRB 先前曾从一系列免税中获得商业利益，但上述变更已消除了这一优势，在此基础上，ARRB 的税收待遇现已与竞争中立政策原则保持一致。

（2）信贷中立措施

信贷中立要求国有企业应与其他经营者适用同样的贷款利率。在企业生产经营过程中可能会出现资金周转问题，对于国有企业来说，可以通过以下两种方式获得信贷支持：一种是在金融机构获得贷款支持。金融机构之所以发放贷款，往往是因为国有企业有明确的政府担保，或者虽没有政府担保，但是显然有政府的支持。信贷中立要求金融机构在向国有企业发放贷款时应区分该笔贷款是否被用于与私营企业相竞争的商业活动上。澳大利亚联邦政府为实现竞争中立这一目标，还对某些国有企业征收贷款税。另一种是来自政府财政预算。澳大利亚要求从政府财政预算中取得贷款的国有企业向财政预算支付同期的金融机构贷款利息。

无论是以哪种方式获得资金，信贷中立均意味着在同等条件下，国有企业应与私营企业一样，享有相同的贷款利率。对于政府来说，保证不以财政补贴的形式使国有企业享有竞争优势是非常容易的，特别是当该资金补贴是从财政预算账户中支出的。国有企业如果很容易就能够得到政府的帮助，就会掩盖运营效率低下的事实，同样的情况也会发生在政府为国有企业提供优惠利率贷款时。因为在此时，低利率的贷款就相当于政府给予的直接补贴。当然，国家的补贴和资助也会产生其他适得其反的效果。但是，不可否认的是，政府补贴的直接效果就是使国有企业的现金流得到改善，能够减轻企业的负债压力。此外，国有企业因享有政府的补贴而可降低其违约风险，同时也提高了国有企业的竞争力。

在实际的市场竞争中，即便没有明确证据表明国有企业享受政府给予的贷款利率优惠或是政府担保，但市场一般都认为国有企业必然享受一些隐性的政府担保，尤其是政府有过对国有企业支持的历史，使这种观点更加有说服力。有研究表明，和政府相关联的国有企业更可能成为政府资助和补贴的受益者。不论是什么类型的资金支持，与私营企业竞争者相比，国有企业都会因成本较低而更容易开展业务活动。如果市场规则不能约束国有企业,或者在某些情况下国有企业不受企业破产法的制约时,政府的支持也并非能够带来好的结果。决策者自从认识到国有企业应该受到市场规则的约束后,也意识到国有企业应该避免优惠的融资待遇。要想实现竞争中立,让私营企业和国有企业能够在同等的条件下公平竞争,就要高度重视国有企业的信贷中立。

并不是所有政府提供的支持都会被认为违反了信贷中立原则,以NBN案为例。NBN公司是根据2001年公司法于2009年成立和注册的政府商业企业,该公司由澳大利亚联邦政府全资所有,并由宽带通信部长任法人代表。澳大利亚政府竞争中立性投诉办公室(AGCNCO)收到了三家企业的投诉,指称NBN公司的业务违反了澳大利亚政府的竞争中立政策。

NBN案中,申诉人提出,政府对NBN的资金承诺是股东贷款。在此基础上,评估竞争中立政策的遵守情况时应将资金视为债务。NBN公司通过政府的股权投资获得了大量公共资金。未来30年,政府注资总额预计将超过270亿美元。股权形式的付款由NBN公司的财务报告证实。竞争中立政策仅要求从澳大利亚政府借款或在市场上筹集资金时适用信贷中立条款。在这种情况下,要求政府企业调整其成本基础,以便以商业利率来计算债务成本,从而独立反映企业的风险。所以,AGCNCO认为澳大利亚政府对NBN公司的股权融资不受竞争中立政策下的信贷中立条款的约束。

(3)监管中立措施

高质量的监管对于提高国有企业的生产效率、调节市场失灵以及保证各类企业公平竞争十分重要。该项措施要求对所有的企业进行相同的监管。

通常情况下,监管可以在防止不正当竞争的条件下刺激竞争。监管中立就是要求政府在实施监管时遵循非歧视和透明原则,尤其是能够明确区分国有企业从事的商业活动和非商业活动时,对其商业活动的监管应当做到不歧视且透明。比如公司章程除了应对国有企业与政府的关系进行说明外,如果存在特权及豁免,均应有明确的法律上或监管上的依据,对国有企业可能利用监管豁免为其自身谋利进行严格的限制。

仍然以 NBN 案为例,申诉方认为政府为 NBN 制定了一套新的标准供其遵循,而不用遵循其实际或潜在的竞争者必须遵守的规定会导致监管非中立。虽然符合 NBN 公司实践的规定会为它带来利益,但是为了遵守这一规定,其他运营商必须改变其提供的产品,这并没有使 NBN 免于遵守规定义务。因此,这类规定并不会违反竞争中立政策中的监管中立,而且目前还没有出现此类规定。

(4)合理的商业回报率

一般来说,企业进行生产经营活动是为了谋利,并且取得最大化的商业回报。而在生产目的上国有企业和私营企业存在着根本性的差别。国家的公共政策目标决定了国有企业生产什么样的商品、提供什么类型的服务,而私营企业则要追求利润最大化。国有企业提供货物和服务是以造福社会和普通民众为目的,一般而言,它们不预先计算利润目标,而是更关注社会福利。因为对于国有企业来说,国家和政府是其资金上最大的支持者,而且政府还掌握着它们的决策权。政府创办国有企业的初衷也不是营利,主要是基于政策考虑。如果国有企业从事商业活动,且利用政府给予它的资源与私营企业争利,则私营企业几乎无法在竞争中胜出。

澳大利亚政府认为,国有企业通过提供商品和服务获得商业回报,以及按照行业平均的商业回报率向政府财政预算支付红利。国有企业可以像私营企业一样通过改变其利润空间来实现合理的商业回报要求,因为这一要求的主要目的在于防止政府交叉补贴国有企业。如此一来,可以鼓励国有企业提高生产率,将生产效率低下的国有企业淘汰出竞争市场,减少对公共资源的浪费。相反,若没有对国有企业从事商业活动要获得与同行业相一致的商业回报率的要求,当存在更低的利润时,整个市场竞争环境很有可能会被国有企业破坏。因此,要求国有企业达到合理的商业回报率对实现竞争中立来说也必不可少。

但该项要求并不意味着国有企业的每一笔交易以及每一个预算周期都能够获得合理的商业回报。比如,1999 年,英联邦竞争中立投诉办公室(CCNCO)收到了 Capricorn 资本有限公司(Capricorn Capital Limited)向国家铁路公司(NRC)提出的投诉,该公司与 NRC 在私人货运业务方面存在竞争。NRC 成立于 1991 年 9 月,其所有者为英联邦、新南威尔士州和维多利亚州政府。

Capricorn 称,NRC 违反了竞争中立政策,因为它在 1995—1996 财政年度、1996—1997 财政年度和 1997—1998 财政年度内未获得相应的商业回报。Capricorn 还称 NRC 的财务表现也正在恶化。CCNCO 经调查发现,虽然 NRC 在 1995—1996 年至 1998—1999 年间未获得合理的商业回报率,但这不足以证明 NRC 迄今为止的表现违反了竞争中立原则。

PETNET 案也体现了未达到合理的商业回报率并不等同于违反竞争中立政策这一理念。2011 年,Cyclopharm 公司对澳大利亚核能科技组织(ANSTO)所属的全资子公司 PETNET 提起投诉,认为其没有遵循竞争中性原则。办公室调查后认为,没有证据表明其享有政府财政补贴、融资等优惠待遇,虽然该公司的商业回报率没有符合竞争中性的要求,但是该公司作为政府所有的企业,受到的监管也更为严格,导致其成本高于私营企业,所以判定其在市场中并没有更大的竞争优势。

NBN 公司案也体现了 AGCNCO 对于商业回报率的判断及观点。第一步,AGCNCO 判断在当前的定价模式下,NBN 公司所预期的商业回报率能否实现。AGCNCO 指出,NBN 公司用于制订其公司计划、业务案例和定价的假设已经过仔细检查和敏感性测试。NBN 公司正在采取措施,以确保在其定价模型下可以实现其目标回报率。

第二步,AGCNCO 判断 NBN 预期的商业回报率是否是正常的商业回报率。虽然 NBN 预期回报率为 7.04％,高出市场平均水平,但是 NBN 的业务活动带来的非商业利益不会超越竞争中立政策所依据的商业准则。

第三步,AGCBCO 对 NBN 的非商业活动利益进行了分析。AGCB-CO 认为 NBN 公司没有通过明确的公民社会组织资金来提供政府要求提供的非商业利益。

第四步,AGCBCO 也未能量化 NBN 的业务活动预期产生的非商业利益。在缺乏这种量化的情况下,AGCNCO 目前无法确定竞争中立政策要求的 NBN 的商业回报率(反映其风险状况)与 NBN 公司的预期回报率之间的差异是否由政府承担。有可能违反事前竞争中立政策。

第五步,AGCBCO 分析了商业回报率在合理的时间是否是可获得的。如上所述,商业回报率要求不是一个单一的目标,而是一个应该在合理时期内实现的平均值。在任何特定年份,甚至在企业刚成立的几年内,都无法获得正的商业回报率,这不一定意味着违反竞争中立原则。这意味着 NBN 公司在启动阶段的获利和商业回报率的延迟不一定违反竞争中立政策。但是,问题在于启动阶段的长度是否合理。NBN 的业务案例表明,正现金流量将在 12 年后实现,NBN 将以政府股权融资的形式经营,直到其有足够的现金流来支持私营部门的债务,而无须政府的明确支持。政府提供支持的目的是使 NBN 能够实施政府的政策。如果政府向 NBN 公司付款以获取非商业利益,则可以缩短获得正商业回报率之前的时间。AGCBCO 认为,在无法量化 NBN 的社会服务义务时,实现商业回报率的预期时限过长可能意味着会违反竞争中立原则。

第六步,AGCBCO 分析商业回报率是否能够弥补 NBN 公司的股东贷款利率。澳大利亚政府对 NBN 的股权融资不受竞争中立政策的债务中立条款的约束。

（5）成本分配机制中性

企业建立合理的成本分配机制也是实现竞争中立的一个要求。国有企业与私营企业相比，在成本结构方面既有优势也存在劣势。优势方面体现在，国有企业会享有减免税、政府资助与补贴、监管豁免等一系列优惠待遇，国有企业享受这些优惠用来从事商业经营活动，其经营成本将会大大降低。因此，竞争中立要求国有企业在从事商业活动时要承担与私营企业相同的税负、受同样的监管、以同一利率获得信贷资金，还要求国有企业建立更高标准的问责机制以及更高的透明度要求。只有在成本保持一致时，才能确保公平的竞争环境。

此外，国有企业提供的商品和服务的定价应当真实反映企业的所有费用，即完全成本定价。毕竟，国有企业从事商业活动时，其目的与私营企业相同，即都希望通过销售货物和提供服务获得利润。而只有当市场价格大于成本时，企业才能盈利。因此，实现竞争中立的重要内容之一就是要求国有企业采用完全成本定价。

这一要求在澳大利亚游泳运动中心案中得到了体现。1999 年 Kippax Pool and Fitness Centre（KPFC）和 Kaleen Health and Fitness Centre 针对 AIS Swim School（AISSS）、澳大利亚运动和旅游部和澳大利亚运动中心（AIS）提起了一项竞争中立投诉。AISSS 是澳大利亚体育委员会（以 AIS 名义执行某些职能）下属的从事商业活动的部门。在专业运动员不训练或不比赛的时候，AISSS 开展可以使用 AIS 设备的游泳课程、水中有氧运动等其他水上活动。

KPFC 为投诉提出以下理由：AISSS 因受到政府所有者的补助而享有竞争优势，并且其成本定价政策不符合竞争中立原则；AIS 进入已经私企提供的游泳培训服务领域是不合适的；如果 AISSS 要继续从事行业活动，它应该采用公司化的运作模式以符合竞争中立原则。

首先投诉办公室根据澳大利亚竞争中立原则确认了游泳运动中心是

政府开展的商业活动。在调查 AISSS 的成本和收入后,CCNCO 认为 AISSS 的成本没有受到 AIS 的补贴,并且在税收减免待遇方面,AISSS 也没有明显的竞争优势。因此,投诉办公室认为 AISSS 没有因其政府所有地位而享有任何竞争优势。

AISSS 在游泳课程活动上占有很大的市场份额,但是在市场能力和价格行为方面,投诉办公室认为 AISSS 的成本和定价符合正常的商业行为,甚至超越了竞争中立原则的要求。AISSS 没有有效减损或实质上损害某一竞争者、防止其他公司进入市场或者有竞争行为,而且其运营也符合资源有效配置的要求。

最后,投诉办公室也认为保持 AISSS 符合竞争中立安排的地位是要确保未来 AISSS 不会因其政府所有的地位而获得任何不合理的竞争优势。

同样体现定价要求的还有 AVO 案,2003 年 11 月,投诉办公室收到了来自 HerronTodd 有限公司的投诉。该澳大利亚民营房地产咨询公司称其竞争对手,即为政府或民间提供收费的资产评估服务的澳大利亚评估局(AVO)不遵守竞争中性原则。该投诉指出,作为由澳大利亚税务局(ATO)运营的政府业务部门,AVO 较民间资产评估公司享有较低的租金和保险费用,在招标过程中,AVO 采用的定价未能根据其成本优势进行调整,使得 AVO 在与 HerronTodd 的竞争中获得不正当的竞争优势。后经调查,投诉办公室基于竞争中性的考量,建议财政部增加 AVO 的保险费用,以为其他竞争对手创造公平的竞争环境。

除此之外,根据以上论述,可以看出澳大利亚还建立了专门受理竞争中立投诉的机构。澳大利亚生产力委员会(The Productivity Commission)负责接收和调查在联邦、自治州以及领地范围内的关于竞争中立的投诉,澳大利亚政府竞争中立投诉办公室(Australian Government Competitive Neutraliy Complains Office,AGCNCO)是澳大利亚生产力委员会的一个下属机构,根据生产力委员会 1998 年的法案设立,专门负责调查、受理联邦一级投诉和有关政府商业行为的投诉。接到投诉后,投诉办公室对投诉进行评估审查,根据审查结果做出最终的裁决。此外,该办公室还针对竞争中立投诉为国有企业提供建议,帮助它们完成竞争中立改革。

澳大利亚在自治州和领地也均设有不同的机构处理竞争中立投诉问题。以昆士兰为例,在该州,昆士兰竞争管理局(QCA)和昆士兰财政部负责处理此类诉讼。QCA 负责受理和调查的投诉主要针对相关国有企业和当地政府部门的商业活动,前提是这些国有企业或相关政府部门已经进行了两年或两年以上的竞争中立改革;财政部负责受理 QCA 管辖范围以外的和竞争中立有关的投诉。

除了在联邦、州和各领地设立投诉办公室和委员会,负责受理和调查竞争中立投诉外,还有一个非常重要的机构,即澳大利亚竞争和消费者委员会(The Australian Competition and Consumer Commission, ACCC)。该机构是根据《澳大利亚竞争和消费者法》设立的,是独立于政府的一个法定机构,其主要职责在于确保联邦竞争法不被违反。此外,竞争和消费者委员会还可以对市场进行监管,并且负责执行国家的竞争政策。作为独立的机构,竞争和消费者委员会可以调查其认为不符合贸易法中关于公平竞争条款的行为,并以 ACCC 的名义提起相应的法律诉讼。

澳大利亚政府结合本国的国情,将竞争中立政策作为本国国家竞争政策的一部分,在促进国内市场的竞争改革方面取得了显著的效果,有效地消除了国有企业因政府所有权而带来的竞争优势,可以为其他国家优化国内竞争环境提供有益参考。但是盲目照搬其他国家的成功经验很可能会导致失败。澳大利亚在竞争中立改革中取得成功,很大一部分是因为其政府已经非常熟悉相关的改革程序,并制定了符合本国国情的改革政策。澳大利亚竞争中立原则的实现方式不仅可以缓和自治州、领地和联邦的关系,而且可以在澳大利亚整个国家范围内形成竞争优势,从而提升澳大利亚在国际市场中的竞争力。其他国家要想实行澳大利亚的竞争中立原则模式,需要避免僵化地模仿或机械地应用,应制定符合本国国情及相关行业特点的竞争中立改革政策。

(二)以区域及双多边协议涵盖竞争中性的应用——美国模式之鉴

美国国内法中没有专门的竞争中立原则,但在其司法裁判中能够体现竞争中立政策。本部分选取几个典型案例加以说明。

美国国内定义的国有企业通常是指"联邦政府企业"(federal government corporation)。此类企业由美国国会为了履行某项公共职能而设立。作为联邦政府的代理机构,它们在提供以市场为导向的产品或服务时原则上应当保持收支平衡,即不以营利为目的。虽然各类联邦政府企业职能和活动领域差别较大,但一般来说它们在美国国内法上都具有以下特征:从属关系上都属于联邦政府代理机构,受美国宪法第一修正案约束;享有民事主体资格,可以以自己的名义参加诉讼;一般情况下不享有联邦政府所享有的主权豁免。从预算上看,这些联邦政府企业不受行政机关财政法规约束,但美国《政府企业控制法案》(Government Corporation Control Act of 1945)要求所有政府企业按规定向总统提交商业预算,并由总统审核之后提交国会批准,由此达到对政府企业财政方面的控制。

一般来说,美国联邦政府的代理机构和部门(包括但不限于联邦政府企业)不受联邦反垄断法律的约束,即使它们实际上正在从事商业活动。例如,在2004年的Flamingo案中,原告同美国邮政服务公司(U.S. Postal Service)签订了邮袋生产及销售合同。合同解除后,原告根据反垄断法起诉美国邮政服务公司,指控其通过垄断邮袋生产业务来限制商业竞争。地区法院以美国邮政服务公司不承担联邦反垄断法的责任为由驳回了原告的诉讼。上诉法院没有接受地区法院的判决,指出公司受联邦反垄断法规制,但因其是受到美国国会指令进行的商业活动,所以可以享有豁免待遇。美国最高法院受理该案件后,指出美国邮政服务公司并非联邦反垄断法意义上的"个人",而是属于联邦政府的"独立建制"(independent establishment),因此不受反垄断法规制。值得注意的是,法院从以下几个事实角度解释了美国邮政服务公司不受联邦反垄断法规制的正当性:公司不以营利为目的,其设立目的同一般商业公司不同;公司承担着众多社会义务,例如向特定人群免费递送义务、国家安全相关的义务等;公司承担各种政府职能,例如缔结国际邮政协定;公司在经营方面的权利实质上比普通商业公司更少,例如其不能擅自关闭某地区邮局。

Flamingo 案是美国国内关于国有企业参与商业活动的权利和义务的重要判例。此案过后,为了明确美国邮政服务公司在联邦反垄断法上的地位以及在邮政服务市场促进竞争中立原则的发展,美国国会制定了《邮政问责及促进法案》(Postal Accountability and Enhancement Act)。该法案规定,就"竞争性产品"和美国邮政服务公司职能范围外的市场支配性产品,该公司受联邦反垄断法的规制。此外,设立"邮政管制委员会"(Postal Regulatory Commission)对美国邮政服务公司具有市场支配地位的业务进行定价监督。

2006 年美国第六上诉巡回法院的 McCARTHY 案可以同 Flamingo 案形成对比。本案原告指控 22 家田纳西州的送电企业以及田纳西山谷管理局(Tennessee Valley Authority)在大量盈利的情况下拒绝补贴电费或者下调电费价格。作为美国最大的公共发电厂,该管理局由美国国会 1933 年设立,由联邦政府完全所有,主要职责包括促进农业和工业发展、改善田纳西州电力使用状况等。本案的焦点在于该管理局是否可以像 Flamingo 案中的美国邮政服务公司一样不受联邦反垄断法的规制。法院认为,美国邮政服务公司属于联邦政府的"独立建制",性质上等同于政府本身,而本案中的管理局属于联邦企业(federal corporation),因此原则上受反垄断法规制。但是,由于管理局承担着促进地方农用电和家用电发展的公共职能,且对维护公平竞争的考量与该公共职能之间存在冲突,因此管理局在本案中依然享有责任豁免。换言之,即使不能被认定为政府本身,国有企业依然有可能依其实际职能豁免反垄断法上的责任。

另一个典型案件是 2004 年美国最高法院的 Missouri Municipal League 诉 Nixon 案。本案围绕《1996 年电信法案》展开。该法案明确规定,允许在联邦取缔州与地方范围内的"阻止所有实体"提供电信服务的政策条款。密苏里州通过了一项州法规,禁止密苏里州的地方政府提供电信服务。基于此,以密苏里州城市联盟为代表的地方政府希望联邦通信委员会(FCC)根据《1996 年电信法案》第 253 条撤销这一规定,因为根据这一规定,"任何实体"均不得被禁止提供电信服务。

本案的焦点也在于"任何实体"是否包括政府机构。密苏里州政府认为,首先将政府实体排除在电信行业之外剥夺了公共部门促进相关行业竞争的能力。其次,关于"任何实体"并没有明确的定义。一个"实体"既可以是公共实体也可以是私人实体,在其没有明确指定或者排除"公共实体"或"私人实体"时,该词可以表示其中的任何种类的实体。

FCC 拒绝撤销密苏里州的这一法律规定。它认为《1996 年电信法案》第 253(a)条中的"任何实体"一词并不包括该州的政府分支机构,而是禁止对受国家监管的独立实体实行市场准入限制。而且 FCC 还认为市政部门进入电信业可能会引起其受纳税人保护而免受经济风险的问题,以及当市政府既是监管机构又是竞争对手时,可能会存在监管偏差的问题。

密苏里州城市联盟等地方政府随后向美国上诉法院提交了复审申请,上诉法院撤销了联邦通信委员会的命令。上诉法院认为该法案第 253 条中的"任何实体"一词清楚地包括了市政当局。

但最高法院对上诉法院的判决持否定态度,并从以下多个角度展开了论证。首先,最高法院并不认为撤销各州或地方当局对政府实体设置的壁垒是一个吸引市政府从事商业活动的有效方法。其次,最高法院认为通过"任何"一词并不能有效推断出其涵盖公共实体,"任何"一词可以意味着不同的含义。从国会立法意图的角度看,利用联邦法律可能将公共实体从州或者地方对其的限制中解放出来,这种不确定的结果是理解国会适用"任何实体"一词并将其限定在私人企业范围内的关键。即,《1996年电信法案》第253条的规定的实体不应该包括政府机构,否则会影响到州和地方政府限制其本身提供此类服务的权力。也就是说,密苏里州的法令是有效的,其州内的地方政府实体不能提供电信服务。最后,如果第253条适用于政府单位,该条就不会像其他的法律一样起到作用,往往会一事无成。它会根据授权市政当局运作的法律的形式对各州进行不同的对待,从而无法保证国家的一致性。

另外,虽然竞争中性原则并未在美国国内立法中体现,但是美国在双边和多边谈判中积极推动竞争中性政策,要求建立竞争中性的国际规则。

2011年,时任美国副国务卿的罗伯特·霍马茨(Robert Hormats)在不同场合多次发表文章和演讲。他认为,自2008年金融危机爆发以来,国家在经济发展中发挥的作用发生了重要的变化。国有企业、国家龙头企业及国家重点扶持企业等受政府支持的各种企业发展迅速,在全球经济秩序中形成了强大的竞争优势。但是,这种强大的竞争优势来源于政府非中性扶持政策,这种不公平的竞争环境是需要被改变的,想要改变现状,保证国有企业与私营企业之间能够进行公平的市场竞争,就必须构建公平的国际规则。①

上文提到美国关于竞争中立的态度主要体现在其主导的《环太平洋

① Robert D. Hormats Under Secretary for Economic, Energy and Agricultural Affairs, Washington, DC, May 5, 2011. Ensuring a Sound Basis for Global Competition: Competitive Neutrality. https://2009-2017. state. gov/e/rls/rmk/20092013/2011/163472. htm, 2019-03-24.

战略经济伙伴关系协定》(以下简称 TPP)中。另外,美国也在双边关系中
推行竞争中立政策。根据美国最新的投资协定范本可以看出,除了贸易
领域,美国还将对国有企业的规制纳入投资领域。在对外投资中,美国一
直力图推动其他国家的资本市场开放,并将其视为经济进步与提升的一
支重要力量,是美国的公司能够进入全球市场的重要基础,也是美国的服
务与产品出口的保证,以及达成政治目标的重要方式。美国认为,各个国
家的国有企业使其他竞争力量处于不公平的地位,在投资领域适用竞争
中立原则有利于处理国有企业在资本募集、管理等领域较其他竞争者存
在优势的问题。

目前美国已经与 40 多个国家签署了双边投资协议(BIT),与 17 个国
家和地区签署了自由贸易协议(FTA)。这些协议的目标就是为包括所有
国有企业和私营企业在内的投资者和贸易商营造一个公平竞争的环境。
BIT2012 范本第 2 条第 2 款(a)项规定:"缔约方在执行任何法律、行政法
规或者其他部门规章时应将其适用于国有企业或任何个人。"

(三)以竞争法律规定竞争中性的实施分类——欧盟模式之鉴

欧盟框架下的竞争中性原则体现在其综合竞争政策和竞争法中。最
新修订的《欧盟运行条约》(Treaty on the Functioning of the European)第
106 条规定,所有的企业均要受到欧盟层面的竞争规则的约束。1977 年
INNO/ATAB 案件中欧盟法院判决各成员国不得以任何措施排除或危及
欧盟竞争法规则的实施,即要求成员国接受欧盟的竞争法规则。可以看
出欧盟的竞争中立原则已经融入各成员国的竞争法中予以适用,各成员
国的国有企业的商业活动不得违反竞争中立原则,否则欧盟委员会有权
对其进行处理。

第 106 条还体现了欧盟竞争中立原则的规制对象,即约束成员国包

括国有企业和非国有企业在内的所有企业,而且履行国家公共职能的政府部门或机构在内的商业活动都不得有违反《欧盟运行条约》所禁止的不正当竞争的行为。以 Hofner 案为例,该案的关键在于德国联邦劳动局作为一个公共事业单位,从事的职业介绍活动与行为是否能够被认定为公司商业活动。欧盟法院认为职业介绍活动带有浓郁的商业色彩,属于经济活动范畴,政府公共部门开展这一活动也不会对其本身的商业性质产生任何的影响。所以法院认为开展职业介绍业务的公共部门应该被视为公司;对于德国联邦劳动局来说,这一职业介绍行为应该被认为是公司活动,符合欧共体确立的竞争规则的规制范围,除非其能提供相关证据证明它的行为不适用竞争规则。但是国有企业中的具有公益性质的企业不适用竞争中立的有关规定,其受本条约中关于公益企业规定的调整。

此外,虽然从规定上看第 106 条主要调整成员国境内的企业行为,但这些企业并不是该条直接约束的对象,其直接调整的是成员国的行为,禁止成员国有不符合欧盟竞争法的行为,它不禁止成员国向本国国有企业授予特权或独占性权利,但禁止这些企业因此在市场中享有优势地位,导致自由竞争受到影响。例如,比利时电报电信公司(Telegraph and Telephone Corporation,后文称 RTT)是一家根据比利时 1930 年 7 月 19 日法设立的公共服务企业,该法的第 3 条第 1 段规定,RTT 由电报和电话部代表和负责。

多年以来,比利时的电话设备大多从远东进口并在电子设备商店零售。尽管这些电话设备可以被合法地进口到比利时,并在比利时销售,但必须得到 RTT 批准后才能接入公共电话网络。为此,这些电话设备必须满足 RTT 制定的,名为"Specification No RN/SP208"的技术标准。此外,RTT 还规定,同一线路的第一部电话只能由 RTT 提供,只有之后安装在该线路上的电话才能由私营企业提供。由于电话设备的技术标准是由 RTT 制定的,所以 RTT 生产的电话不需要获得批准。GB-Inno-BM

SA(后文称 GB)是一家分销商,经营着比利时的多家连锁商店和超市。它旗下的 Brico-Centers 向消费者售卖未经 RTT 许可的电话设备,这种电话设备可以直接连接到已经联通的线路上,并且其售价远低于 RTT 售卖的电话设备。RTT 在发现这一行为后控诉 GB 向消费者隐瞒了其电话未经批准的事实,并且认为该行为鼓励了消费者安装未经批准的电话。RTT 认为 GB 的这一行为干扰了其运营的电话网络。1987 年 7 月 22 日,RTT 在布鲁塞尔商事法庭起诉了 GB,要求根据 1971 年 7 月 14 日法的第 54 条和第 55 条规定,终止 GB 在其商店内销售未经批准的电话的行为。在答辩环节,GB 提出反诉,其认为 RTT 的行为不符合《建立欧洲经济共同体条约》第 86 条对公共企业的约束。

由于该争议的解决必须建立在对《建立欧洲经济共同体条约》第 30 条和第 86 条的解释之上,布鲁塞尔商事法庭于是提请欧洲法院对这两条法律进行初步裁定。

欧洲法院经过审议认为,在本案当中,RTT 经营电信网络本身的垄断地位并未受到挑战,但 RTT 利用自己能够制定准入规则的优势为自己保留专属市场的行为被认定为滥用市场支配性地位,获得了不正当的市场优势,尤其是这一点被认为违反了竞争法。可见欧盟对于开放市场、促进竞争并非扩大到所有领域。

同样,体现欧盟的竞争中立原则的主要规制对象是成员国的还有 Merci 案。引起纠纷的是意大利的法律规定在码头装卸货物应该委托专业的公司负责,而且要求装卸工人来自意大利。本案的申诉方是 Siderurgica Gabrielli 公司,其准备将在德国购买的一批钢材运往意大利的热那亚,本案的被告是 Merci 公司,在原告目的地港口享有装卸货物的专属权利。

本案围绕竞争中立原则的争议焦点是欧盟法是否禁止公共企业获得政府授予的专有性权利。欧盟法院认为虽然欧盟法允许各成员国赋予其国内企业专有权利从而使其形成支配地位,但是如果被赋权的公司因为行使这种权利而滥用其支配地位,或者因为其拥有这一权利而成员国没有对享有专有权的公司进行有效的监督和管理,那么成员国则将被视为违反了欧共体的法律。

可见,欧盟并非禁止各成员国给予其本国内的企业相应的专有权利,而是要求企业不能滥用其被授予的权利造成不公平竞争的情况出现。SQS案也体现了这一理念。SQS是比利时的一家国有企业,主要负责经营移动电话业务,享有比利时政府授予的特殊权利,可以控制移动信号,并且负责比利时国内电话行业市场准入的批准权。SQS滥用国家赋予的特殊权利,恶意驳回其他公司的市场准入申请,破坏市场的自由竞争。按照比利时的法律规定,SQS享有批准电话行业的市场准入的权利,企业未经SQS的授权从事移动信号业务是违反比利时法律的行为。

欧洲法院援引了《欧盟运行条约》第102条的规定,该条禁止享有支配地位的企业在其内部市场滥用其地位,并在其内部市场影响成员国之间的贸易。因此欧洲法院认定SQS企业可以享有政府授予的特殊权利,但不得以该权利破坏自由市场公平竞争的秩序。SQS的行为已经构成滥用市场支配地位影响其内部移动信号市场竞争,违反了第102条的规定。此外,欧盟委员会对于其各成员国制定的法律与欧盟法律规定相违背的行为有权予以制裁。欧洲法院认为比利时政府授予SQS企业支配地位使其扰乱市场竞争的行为已经违反了欧盟法律的规定,比利时应受到相应的制裁并规范SQS的竞争行为。

同时,根据《欧盟运行条约》第345条(原《欧共体条约》第295条)的规定,欧盟尊重每个成员国的产权制度。这意味着欧盟的任何成员国不能因为其国内实行的是公有制经济制度,就使私有企业处于劣势地位。欧盟所规定的所有制中性是欧盟不歧视成员国有关所有制的立法,而非强调公平对待国有企业与私营企业。因为欧盟内部各国的国有企业、私营企业比例不同,对所有制的任何约束都会影响欧盟内部的公平性。欧盟允许各国根据其需要授予国有企业或者私有企业垄断权,因此,欧盟以共同的竞争规则作为切入点,以此来维护成员国竞争的公平性。

欧盟的竞争中性制度也体现在其国家援助制度中:国家援助的提供不得仅因国有企业或私营企业性质而予以区别对待。《欧盟运行条约》,欧洲理事会的行政条例,欧盟委员会的指令、指南、决定、通告、公告以及欧洲法院和普通法院的判例均对国家援助制度有所规定。欧盟的援助体系在体量、结构、逻辑等方面在世界范围内都是独一无二的。

其中,《欧盟运行条约》第 107 条、第 108 条要求成员国在准备采取与国家援助有关的相关措施之前应该向欧盟委员会申报,欧盟委员会同意颁布的才得以实施,以此来保证欧盟内部市场国有企业和私营企业的公平竞争。如果成员国的国家援助对成员国之间的贸易造成了影响即与第107 条的规定不符,同时,欧盟委员会根据《欧盟运行条约》享有禁止国有企业妨碍竞争行为的权力,如果是成员国的国内法规导致的这一妨碍竞争的行为,欧盟委员会还可以发布指令或决定要求该成员国废除此项立法或政策。

FSI 案进一步支持了这一规定。FSI 是经济事务和财政部全资控股的公司,从事货物和旅客铁路运输,于 2016 年 8 月 4 日收购 FSE 公司。FSE 是由普利亚大区(意大利)指定负责运营和维护覆盖本地铁路基础设施的公司。2016 年 10 月 24 日,Arriva Italia 等运营铁路和公路公共交通的公司在意大利地区行政法院提起诉讼,要求废除 2016 年 8 月 4 日的法令。因为在他们已经向特别专员表示有意收购 FSE 的情况下,该法令仍将基础设施和运输部在 FSE 的全部股份转让给 FSI,并且提出该行为以及提供给 FSI 的 7 000 万欧元构成了国家援助。

欧盟法院经判决认为,基础设施和运输部的资金分配以及股权转让行为构成国家援助,因为这些行为只是为了补偿 FSI 的资产失衡,并没有其他的考虑因素。同时，没有向委员会通报这种援助，因此此种援助被视为非法行为。

但是，并不是国家提供的所有资金都会被认定为国家援助，构成国家援助还要求收受人获得相应的经济利益。以西班牙当局的 Avanza 计划案为例，本案涉及西班牙当局在西班牙全境从模拟电视向数字电视的转换方面采取的一系列措施。西班牙政府建立了一个监管框架，以促进从模拟电视到数字电视的过渡。为此，西班牙当局将西班牙领土划分为三个单独的区域："Ⅰ区"、"Ⅱ区"和"Ⅲ区"。Ⅱ区是本议事过程中涉及的地区，主要是偏远地区和城市化进程较低的地区。这一领域，由于缺乏商业利益，广播公司没有对数字化进行投资。为了实现为数字电视设定的覆盖范围目标，西班牙当局提供了财政拨款，以支持Ⅱ区。

2008 年 2 月，旅游业和贸易工业部部长通过了一项旨在改善电信基础设施，确定标准和分配资金的决定。在名为"Avanza"的计划中实施旨在发展信息社会的行动。根据该决定批准的预算部分分配给Ⅱ区电视的数字化。该区随后开始了扩大数字电视覆盖范围的过程。为此，他们组织了招标或将其扩展到私人企业，在某些情况下，应由市政当局实施该扩展。

2009 年 5 月 18 日，欧洲委员会收到 SES Astra SA 的投诉，内容涉及西班牙当局实施的国家援助计划，涉及在Ⅱ区从模拟电视切换为数字电视。根据 SES Astra 的说法，该方案构成了非通知性援助，有可能扭曲地面和卫星广播平台之间的竞争。委员会认为其向地面电视平台运营商提供的用于在Ⅱ区部署，维护和运营数字电视网络已经构成国家援助，违反了《欧盟运行条约》的规定。但欧盟法院认为构成国家援助的一个要素是要求收受人获得相应的利益，而本案中的收受人没有任何的经济利益，所涉措施不能被定性为第 107 条第 1 款所指的国家援助。

又例如，法国邮政公司（La Poste）是负责法国全国邮政业务的国有部门。2006 年,欧盟指出法国当局向法国邮政提供的无期限国家担保已经构成了 TFEU 第 107(1)条下的国家援助,该担保赋予法国邮政一定的经济利益并扭曲了国内邮政市场的竞争环境。同时,欧盟认为,在公法管辖下,法国邮政公司有权直接访问国库账户、将巨额债务转移到其他公共机构并免受破产程序的约束,这同样使其获得不正当的竞争优势。

欧盟呼吁法国政府撤销对法国邮政的所有担保,尽管法国政府对此提出异议,欧盟仍坚持其决议,认为此种无期限的国家担保符合国家援助的构成要件并对国内公平竞争秩序造成了威胁。最终,欧盟决定于 2010 年 3 月 10 日将法国邮政转化为向社会公众公开销售股票的股份有限公司,借此撤销法国邮政享有的无限期国家担保。

此外,比较重要的法规还有《透明度指令》。欧盟法院认为:国有企业和私营企业存在明显的区别。公共部门的行为或国家公共政策很容易影响国有企业的决策,而且在国家援助制度中,两者之间特殊的经济联系也造成了执法过程的谜团,《透明度指令》的规定就是使这些谜团变得清晰。

欧盟竞争法对其成员国在竞争方面的立法带来了深远的影响,比如德国、法国、英国、意大利、比利时等国家直接以欧盟竞争法为蓝本制定本国的相关法律,使得各成员国竞争的有关规范正在逐步趋同。这一现象的出现也是因为欧盟的法律规则的强实践性,欧盟一旦确立自身标准的竞争中性原则,也必将会在欧盟成员国中推行适用。

2005 年立陶宛竞争委员会基于竞争中性原则要求政府安保部门不再对外提供安保服务;斯洛伐克共和国一隶属于文化部的新闻社因获得了文化部的经济补贴而在竞争中处于优势,被国家反垄断委员会根据《竞争法》罚款 500 万斯洛伐克克朗;因瑞士民营邮政公司受到特殊法律条款的约束无法和国有邮政公司在同一条件下竞争,瑞士竞争委员会建议联邦议会更改法律条款;2001 年,欧盟做出了在邮政领域第一个基于《EC 条约》第 82 条的决议,该决议对德国国有邮政公司罚款 250 万欧元,因为该公司通过回扣的方式占领市场份额。从上述案例可见,尽管欧盟缺少对竞争中性系统的法律政策规定,但一些欧盟成员国正在逐步完善其竞争法,希望通过竞争法规范来约束国有企业对自由竞争产生不利影响的行动,从而实现竞争中性。因为,一般而言,竞争法的调整对象不会区分国有企业或私有企业。

欧盟竞争法的主要目的是构建一个统一的共同体市场,而这样一个市场的前提是其内部能够形成公平的市场环境。假如允许成员国通过补贴或者建立卡特尔的方式排斥外国商品,那么共同市场最终一定会走向分裂。《EC 条约》第 81 条至第 87 条中的保护竞争条款、限制禁止条款和禁止滥用市场支配地位的条款即为了保障欧洲市场的统一。但《EC 条约》强调的并非绝对的完全竞争,而是机会的均等,因此,那些遵守市场统一规则的国家和企业仍有良好的发展机会。就补贴来说,根据《EC 条约》的规定,一方面,成员国不得只补贴个别的企业或者生产部门,从而使其享有优势地位。另一方面,对于中小企业来说,只要它们不会显著影响到竞争,那么它们可以轻易地获得各种融资和税收方面的补贴。

由此可见,欧盟竞争法以内部市场的自由与开放为重点,尤其重视成员国之间商品流动的平等性、平衡性与协调性。一味地提高企业间的竞争水平并非欧盟竞争法的目的,促进统一市场的形成才是。一位欧盟前任竞争专员说:“竞争不会为了竞争本身,而是因为它是促进协调和平衡发展以及生活水平加速提高的一个工具。”结果就是,欧盟竞争法对企业间的合作干预较为灵活,但对阻碍统一市场实现的限制性措施又给予严厉的处罚。

三、本章小结

本章的研究通过对竞争中性原则在国际规则中的发展历程和应用进

行梳理和总结,进一步归纳在当前国际规则和实践中适用竞争中性原则的不同模式,从而为中国借鉴和引入竞争中性原则起到理论和实践经验的支撑作用。可以总结为以下观点:

第一,竞争中性原则从一国的国内法移植到国际规则,而主推这一进程的美国和欧盟国(区域)内则并未设立系统的国内法律和政策框架和实践。① 第二,竞争中性原则在国际贸易规则中的适用存在差异,主要体现为体系安排、严格程度和推行路径等方面。美国积极推动创设严厉的,甚至超越 WTO 现有要求的竞争中性原则,强调去除国有企业的政府成分;欧盟推行的竞争中性原则强调以成员原有的竞争法规制国有企业,并在WTO 框架内改良国有企业规则。第三,从发展趋势看,竞争中性原则将会快速填补国有企业国际规范的空白,并成为被普遍适用的国有企业国际新规则。竞争中性原则解决国有企业参与全球竞争引发的竞争失衡问题,其蕴含的"公平竞争"的理念,未来会获得更多国际社会共识从而满足国际习惯规则的"实践"和"心理"要素,最终发展为具有普遍效力的国有企业新规则。

借鉴国际竞争中性原则,有助于国有企业回归商业实体的本质。首先,竞争中性原则通过消除国有企业的因公优势可促进国有企业身份独立和商业化运作,一定程度上符合市场经济的发展规律和要求。经合组织所提出的去除国有企业公有优势、维持公私企业公平竞争的方案,已初步内化为竞争中性三大原则。其次,通过竞争中性而非消灭国有股的方式实现国有企业的身份正位,可避免激进的私有化政策和意识形态之争。最后,从实施效果看,国有企业虽因竞争中性失去因公优势,却能提高经济效益并获取独立的市场主体身份。

---

① 美国国内的国有企业多数是公共类企业而极少有商业类企业,并不存在对竞争中性的内生需求;欧盟域内虽有一定数量的商业类国有企业,但其发达的竞争法对公私企业同等适用,再加上国家援助制度对政府补贴的规范化,现有法律制度已足以规制国有企业引发的竞争扭曲问题。

第五章

中国国有企业在市场竞争中的制度优势

一、从竞争中性原则看当前中国国有企业改革的不彻底性

(一)中国国有企业改革的历程

国有企业改革历经 40 多年的光阴,在整个国有企业改革探索实践中,国有企业的改革也见证了我国社会主义经济制度不断探索和完善的历程。经济发展的渐进性和不同发展阶段的差异性,导致国有企业改革在不同阶段呈现出了不同的特点,为我国整体经济的发展创造了持久的经济活力。

1.中国国有企业的改革阶段

根据改革目标和改革内容,中国的国企改革初步可以总结为四个阶段,分别为:1978 年至 1992 年的局部探索阶段、1993 年至 2002 年的整体创新阶段、2003 年至 2012 年的分类改革探索阶段、2013 年至今的分类深化改革阶段。从整个国企经历的历程来看,我国国有企业的改革并非一个一帆风顺及一蹴而就的过程,其发展过程呈现出波浪式前进及螺旋式上升的特点。虽然在整个国企改革的推进过程中存在诸多的问题,但在 40 多年的改革经验探索中我国国企依然取得了巨大成效,为进一步深化改革奠定了深厚的经济基础,并为我国经济结构的转型贡献颇深。我国国企改革至今,在几个方面取得了不小的进步,截至 2013 年,全国已经有 90%以上的国企逐步实现了对公司制、股份制改革的探索,并随之建立了

现代化企业管理制度的基本结构。除此之外,国有企业发展重心逐步从一般性的加工制造行业退出,将掌握的优势资源更多地集中到涉及国民经济命脉的战略性行业,在完成对迁出行业发展初步奠基的同时引入更多非国有经济,发挥了良好的行业引领作用,与此同时,发展重心的转移也使得国有企业的产业结构分布有了巨大的调整和改善。

国企改革的第一阶段:1978年至1992年。这一阶段的国企改革的目标主要集中在下放部分收益权和经营权,国有企业所有权和管理权相分离,利税改革对国有企业的分配方式的完善都进一步扩大了对国有企业的让利。这一阶段经济发展的特征是以国有企业作为公有制经济发展的主体,国有经济占了国民经济总量的极大比例,起着尤为重要的引领作用。但这一阶段国有企业的发展也显示出了相对较多的弊病,如经济效益低下、国有企业整体发展的积极性不高等问题,因而针对这一阶段的国有企业的改革,主要颁布的措施体现在"扩权让利""落实经济责任制""实施经营责任制"几个方面。这些措施的颁布使得国营企业的发展逐步走出计划经济体制的轨道,进一步适应市场化的经营环境的要求,厘清国家和企业之间的角色分配和相互关系的动态平衡,逐步完成国有企业身份的过渡与转化;也进一步扩大了国有企业的自主能动性和国有企业工作人员的工作积极性,提升国有企业的经济效率。1993年的第八届全国人民代表大会第一次会议中通过的宪法修正案,对我国经济改革和国企的改革成果进行了书面的确认和介绍——"社会主义市场经济取代了计划经济""国有经济取代了国营经济""国有企业取代了国营企业"。但这一阶段的改革并没有彻底厘清国家和企业之间的关系,国有企业的所有权和经营权之间并没有得到彻底的分离,甚至有国有资产流失的负面情况出现。

国企改革的第二阶段:1993年至2002年间。在前期改革的基础上,在改革开放带来更有活力的市场经济的基础上,中国开始对国有企业进行深入改革。本阶段的改革目标主要集中在推动国有企业进行公司制改革，并逐步帮助国有企业建立现代化的企业制度，落实经营权和所有权的分离，为管理者创造更为市场化的激励体制，进一步提升国有企业发展的活力和市场竞争实力。这一阶段也是中国商事立法的蓬勃发展阶段，1992 年中共十四大确定了以建立社会主义市场经济体制作为我国经济体制改革目标，为实现这一目标，在立法方面，我国作出了非常多的尝试和努力。1993 年 11 月，中共十四届三中全会通过了《关于建立社会主义市场经济体制若干问题的决定》；1993 年 12 月，全国人大常委会审议通过了《公司法》，表明中国国有企业改革逐步纳入法治化运行轨道。国有企业公司制改革的重点就是对国有企业所有权和经营权的分离的探索，其核心就是要使国有企业和政府相分离，使企业成为市场的真正主体。但这一阶段的产权改革仍处于比较初级的阶段，对市场的适应仍停留在较为形式化的阶段，对西方市场交易规则的僵化适用，反而造成交易规则混乱，政府在整个交易过程仍处在一个主导的位置，此类现象仍较为普遍。从整体来看，这一阶段的改革涉及对产权问题的探讨，但并未触及对产权本质的探讨。

国企改革的第三阶段：2003 年至 2012 年。在党的十六大召开后，对国有经济的改革仍然需要继续调整，完善布局和结构，这一阶段的改革重心逐步转向对国有资产管理体制的改革。2003 年国有资产监督管理委员会的成立，标志着国有企业的发展进入了"国资"时期，即由中央政府代表国家履行出资人职责。这一阶段国企改革的重点逐步落在对国有资产管理体制改革上。政府作为出资人的角色得以确认，即由国资委承担对国有企业监督管理的职能，协助国有企业实现国有资产保值和增值，以及逐步解决国有企业管理机构人员冗杂、工作效率不高的现实问题。国资委通过利用市场机制提高国有资产的运行效率，提高国有资产规模。国资委的设立意味着国有企业经营者和管理者职能的分离，以及国有企业经营权和所有权的分离。从这个层面来看,国有企业逐步走向市场化,成为独立的市场参与主体。但在这一阶段,国有企业的股份制改革存在出资人履职不完善,所有者缺位,管理者缺乏监督的情况,这些缺陷致使国有资产存在流失问题,国有企业"行政化"并未得到彻底改善。这一阶段的改革,着重在对各类国有资产的管理上,冀求对各类国有资产管理体制进行完善,为国有企业的发展提供新的经济动力。

国有企业改革的第四阶段:2013年至今。2013年11月,十八届三中全会通过的《关于全面深化改革若干重大问题的决定》明确指出:全面深化国有企业改革,完善现有国有资产的管理体制,逐步推动政府职能的转变,即从之前的"管资产"过渡到"管资本",实际上是对政府职能和市场竞争中的角色分配有了更高层次的要求。这一阶段,中央强化国资委对国有资产监管的功能,进一步推动国有企业完善管理制度,界定和划分不同类型国有企业在国计民生和市场竞争中的功能。本阶段的改革,重点在完善国有企业的管理体制层面,并推动国有资本重心转向关键行业和关键领域,弱化国有企业可能承担的外部性风险。

2.各阶段中国国有企业改革的目标

1978年至1992年的第一阶段的改革中,主要目标和重点是"放权",即逐步下放部分企业权利,包括收益权和经营权,给予国有企业更大的自主空间,从而推动实现国有企业所有权和管理权的分离,帮助国有企业摆脱原有的计划经济下的僵化管理方式,让国有企业可以更多地参与到市场经济竞争中,逐步适应市场经济竞争环境。与此同时,在竞争中逐步完成对国有企业自身经营管理制度的改革。在这一阶段,主要实现了国有企业主动参与市场竞争的目标。针对其中几条重要的改革措施作出说明:首先,通过"利改税"的方案,即企业上缴利润更改为缴纳流转税和所得税,调整企业与政府间的利益分配关系,在改变分配方式的基础上促进两者职能之间的转变。其次,企业的资金来源的性质发生了变化,由原本的国家拨款改为企业向银行贷款,通过固定资产的投融资机制得以改变,资金来源性质的转变也减少了国有企业对于国家资金的依赖性,提升国有企业自身的积极性。再次,落实企业的经济责任制和经营责任制,推行所有权和经营权分离的同时,不能忽略对国有企业经营效率的提高。帮助国有企业成为相对独立的市场经济实体,积极地参与到市场竞争中去。从"竞争中性"角度来说,这一阶段的改革涵盖了竞争中性原则中的精简政府企业的运作形式、提高商业回报率、税收中性、贷款中性等方面,弱化政府在市场竞争中的参与角色,提高市场竞争的效率。

1993 年到 2003 年,改革的目标是建立现代化的企业制度和推动国有经济结构调整,建立国有企业的现代管理制度,通过对国有企业布局与结构的重大战略性调整,探索并解决国有经济部门在市场化改革中如何适应外部市场竞争环境的问题;通过优胜劣汰竞争机制,对数量庞大的国有企业进行优化,解决国有企业发展质量参差不齐的问题,同时减轻国家对国有企业投资过大的财政负担。这一阶段的改革重点在于对国有企业进行公司制改革,进一步落实所有权与经营权的分离,使国有企业更好地适应市场经济的发展要求。1993 年通过的《公司法》以法律的形式确定了现代企业制度的基本法律框架,为中国现代企业的发展提供了必要的法律支持和制度保障,从而促进中国国有企业治理走向现代化和法治化。同时,1994 年至 2013 年的一项重要改革就是所有权和经营权分离,目的是使国有企业和政府角色和职能相分离,这也是使国有企业成为真正意义上的市场主体的关键。1997 年 4 月,国务院批准并转发了国家经贸委《关于 1997 年国有企业改革与发展工作的意见》,提出"抓大放小",通过重组并购的方式发展大型企业,允许通过改组、联合、兼并、破产等方式优化处理中小型国企和经营不善的国有企业。虽然彼时未出现竞争中性这一原则,但这一阶段改革实践是在对前一阶段改革政策措施的落实基础上,体现了对竞争中性原则内容的探索实践。

2003 年 3 月,国有资产监督管理委员会的成立,使得国有企业改革的方向逐步转为国有资产管理体制的改革,即由国资委监督和管理国有企业,从而推动实现国有资产保值和增值。与此同时,国资委的成立也有助于解决国有企业管理机构众多、工作效率低下的问题,实际上是发挥市场机制的作用,逐步提高国有资产规模。2003 年 5 月,国务院颁布了《企业国有资产监督管理暂行条例》,确认了国资委作为政府特设性质的机构的特征,界定政府作为国有资产出资人的职能,落实政企分开,即实现所有权和经营权分开。这一阶段的改革与"竞争中性"制度的精神是完全相符的。

中国国有企业改革前三个阶段都较好地完成了各自阶段所要求的改革任务,一是国有企业初步建立了完整的现代化企业管理制度,大部分的国企都已经实现了公司制及股份制的改革;二是对国有经济的布局和结构有了非常大的调整,即逐步协助国有资本从一般生产加工行业退出。虽然国企改革进程取得了巨大进步,但是改革措施较多停留在完善企业治理和运行机制的侧面上,并未针对外部环境的变化做出相应调整。

2013 年 11 月,党的十八届三中全会《关于全面深化改革若干重大问题的决定》提出了推进国有企业改革的议案;2014 年《中共中央　国务院关于深化国有企业改革的指导意见》、《国务院关于国有企业发展混合所有制经济的意见》和《关于国有企业功能界定与分类的指导意见》也对深入推进国有企业混合所有制改革,界定国有企业的功能属性并实行分类管理政策等方面作出了新的要求。2014 年 7 月 8 日,国务院发布的《关于促进市场公平竞争维护市场正常秩序的若干意见》系统地提出了完善市场监管体系、促进市场公平竞争的顶层设计。这里所提出的建立公平竞争市场环境,与"竞争中性"的制度目标是完全一致的。该阶段明晰了推动国企改革全面深化总目标,其中的主要任务有:积极发展混合所有制经济,完善国有资产管理体制,通过以"管资本"为主的方式加强对国有资产监管,协助国有企业建立完善的现代企业管理制度,精准界定不同国有企业的市场功能和经济功能。

2015 年,党中央和国务院颁布的《关于深化国有企业改革的指导意见》,进一步深化国企改革。该意见指出,要分类推进国有企业改革、混合所有制改革,实施国企信息公开,加强社会监督,这三点与竞争中性原则中的国企界定、透明度要求方面匹配程度较高。中国国企改革目标与竞争中性原则对比如表 5-1 所示。

表 5-1   中国国有企业历次改革目标与竞争中性原则内容对比

时间	改革目标	竞争中性原则
1978—1993 年	下放部分收益权和经营权,国有企业所有权和管理权相分离	企业组织形式改革、商业盈利要求、税收中性、贷款中性
1993—2003 年	建立现代企业制度和推动国有经济结构调整	企业组织形式改革、商业盈利要求
2003—2012 年	以国有资产管理体制改革推动国有企业改革	企业组织形式改革、商业盈利要求、监管中性
2013 年至今	明确全面深化国企改革总目标	企业组织形式改革、识别直接成本、履行公共服务义务、监管中性

无论是在国际层面还是在国内层面,引入竞争中性原则都是中国新时期经济发展和经济制度建设与完善的现实需要。2013 年 11 月,十八届三中全会《关于全面深化改革若干重大问题的决定》提出的推进国有企业改革,明确了国有企业改革的方向,"积极发展混合所有制经济,推动国有企业完善现代企业制度,准确界定不同国有企业功能"。2015 年中共中央和国务院颁布的《关于深化国有企业改革的指导意见》为国有企业的深化改革进一步指明了方向。在 2019 年全国两会上,李克强总理在政府工作报告中指出:"按照竞争中性原则,在要素获取、准入许可、经营运行、政府采购和招投标等方面,对各类所有制企业平等对待。"这是国家首次在政

府工作报告中提到竞争中性原则。国企改革指导意见与竞争中性原则对比如表 5-2。

表 5-2　国企改革指导意见与竞争中性原则对比

项目	指导意见	竞争中性原则
相同之处	1.明确提出了将国有企业划分为商业类和公益类两种类型,同时提出要推动国企的混合所有制改革,逐步地调整国企股份中国有股权比例,形成国企股权结构多元化。 2.对国企信息公开制度提出了一定要求	1.针对商业类国企做出限制性约束,且必须是国有控股50%以上的国有企业。 2.要求国有企业的相关信息公开化
不同之处	中国国有企业一直享受着政府的种种政策优惠	取消对国有企业赠款或债务减免,国有企业商业行为不可获条件更优惠的贷款、贷款担保

3.中国国有企业改革中的法律法规实践

经过 40 余年的改革,我国国有企业的经营效率得到了大幅度的提高,国有企业的财务数据表现优越,市场竞争力和营利能力都有大幅度的提升。在国计民生重点发展的领域,国有企业也显现出了不可替代的发展优势。但国有企业在经济和财务上良好的表现,与其处于高度垄断性的行业也密切相关,国有企业面临的市场竞争压力是远远小于其他类型企业的,这也会使得国有企业逐渐削弱自己的市场竞争实力。从另外一个角度看,这也是竞争中性原则存在的重要意义——推动国有企业参与完全意义上的市场竞争,不依赖于所有者或者所有权性质带来的优势地位,与其他市场参与主体站在同一位阶的"起跑线"上。然而,从我国现存的法律框架来看,国有企业所代表的国有经济仍处在较具优势的法律地位,因而,在现行法律框架的基础上,引入竞争中性原则,不仅有利于增强国有企业竞争力,而且对经济发展也有着深远的意义。

（1）《宪法》。中国基本经济制度内容主要体现在《宪法》中第 6 条至第 18 条，这些条款明确指出中国的基本经济制度是"公有制为主体、多种所有制经济共同发展"，强调"社会主义经济制度的基础是生产资料的社会主义公有制"。同时，《宪法》也明确规定中国实行的是"社会主义市场经济"，并由此强调了经济立法、宏观调控和经济秩序三者之间的协调发展关系。由此看出，中国的社会主义市场经济与社会主义制度是紧密相连的，即"以公有制经济为基础，多种所有制经济共同发展"。公有制经济的具体表现形式是国有企业参与市场竞争。

竞争中性原则中强调国有企业除了承担公共服务，与私营企业在市场上应处于平等地位。这对国有企业改革提出了新的要求，即在没有特殊支持和隔离垄断的条件下，国有企业是否能继续保持自身的运行效率和生存发展的竞争力。在竞争中性原则的要求下，如果国有企业改革没有从体系化改革的角度出发，解决政企不分的问题，那国有企业很可能会丧失原来享有的竞争优势。而这种优势的丧失，不仅会体现在国有企业的财务表现上，也会体现在对整体经济结构的影响上。正如刘世锦研究员指出："将所有者和企业拴在一起是市场经济发展初期的表现，也是市场经济发展不成熟的表现。"但这也是特定社会背景造就的结果。因此，在经济合作高度国际化、区域经济高度协同的情况下，如果将竞争中性原则纳入宪法中关于建设社会主义市场经济的基本条款，且突出竞争中性原则在建设可持续发展的中国经济方面的积极作用，则为实施竞争中性原则提供了具有根本意义的宪法依据。

（2）《反垄断法》。从立法时间来看，我国《反垄断法》的立法时间并不长，起步比较晚，但无论是立法内容本身还是在法律具体实施过程中，中国的《反垄断法》都不存在对国有企业的绝对豁免的条款。《反垄断法》对于国有企业的保护与其他类型的保护并无根本性的差异和冲突，这点与反对垄断带来的相对优势地位和保护合理的市场竞争的逻辑是一致的。

从立法内容来看，《反垄断法》对于不同类型企业的规定存在细微的差别，这是基于不同类型企业而提供不同类型的保护，并无针对国有企业设定超越一般意义的保护规定和措施，基于此，《反垄断法》实质上为中国竞争中性制度的制定和实施创造了基础性的法律条件和一定程度上公平的竞争环境。《反垄断法》的第 7 条对"国有经济占控制地位的关系国民经济命脉和国家安全的行业以及依法实行专营专卖的行业"的"合法经营活动"进行保护，并非对该类行业中的国有企业提供特殊保护，相反的是：特定行业或特定国有企业仍会受到反垄断法的保护和约束；其次，竞争中性原则也并没有要求所有国有企业完全一视同仁地参与市场公平竞争，少数事关国家安全和社会保障的国有企业可以回归国营企业，不参与市场竞争。这样就很好地平衡了商业利益和市场竞争之间的关系，在特定商业价值不高且公益性强的领域，国有企业的存在就显得意义重大，这一点在其他一些实施竞争中性原则的国家也有所体现。举例而言，印度一直在国内推行竞争中性原则的实施，但是在特定的几个行业里，如军事、原子能、铁路等领域并不推行竞争中性原则，而是始终以国家所有的形式对该类行业实行特殊的保护。中国《反垄断法》中类似的条款也显示出了同样的立法逻辑，并非与竞争中性原则的精神相悖。

从实践层面来看，虽然《反垄断法》在一定程度上体现了竞争中性原则的基本内涵，但是国有企业受行业保护性政策或者限制性政策的影响，在某些行业形成自然的垄断地位。受传统"行政法思维"的干扰，这类由于政策性因素所导致的行政性垄断，是中国现行的《反垄断法》所无法约束和限制的垄断形式。对行政性垄断的约束并没有从市场竞争角度出发，使得中国的《反垄断法》存在客观上的"先天不足"。换言之，行政垄断是滥用政府的行政权力所导致的。许多行政政策制定的初衷并非为了帮助国有企业获得垄断优势，但是政策在实施过程中却对非国有企业造成了限制竞争的结果。从程序救济和平衡正义的角度来看，行政复议和行政诉讼等救济程序可以一定程度上约束排除、限制竞争的具体行政行为，但政策实行本身产生的普遍性后果却无法通过行政复议和行政诉讼的途径得到有效解决。这是因为许多行政政策严格来说都属于抽象行政行为，而此类抽象行政行为很难通过作为个例救济的行政复议和行政救济等程序得以普遍性的改变。

　　总之，中国《反垄断法》在一定程度上体现了竞争中性原则的部分内涵，但是与完整的竞争中性原则仍有很大的差距，因而应考虑基于竞争中性原则的内容，对《反垄断法》进行相应的完善，以弥补现有的不足。

　　（3）《企业国有资产法》。《企业国有资产法》与《企业国有资产监督管理暂行条例》均是规范国有资产管理的相关法规，但两者在内容上有一定程度的重合。但从效力位阶上看，《企业国有资产监督管理暂行条例》的效力位阶低于《企业国有资产法》。《企业国有资产法》在内容上有多处与竞争中性原则相一致，例如：《企业国有资产法》总则中的第 6 条规定了政企分开的基本原则，即区分政府的社会公共管理职能和国有资产出资人的职能，政府不应对国企的具体合法经营进行干预，影响国企的自主经营和参与市场竞争；在"履行出资人职责的机构"章节中强调：政府要依法履行出资人职责，不得干预国有企业的合法经营活动；在"国家出资企业"章节中，要求对国有企业的管理，要以完善国企的现代公司制度为原则，按照公司化、股份化的方向进行管理，这些内容与竞争中性原则中关于精简政府企业的运作形式的规定一致。同时，《企业国有资产法》提出了企业国有资产要实现保值增值的要求，这与竞争中性原则中对于国有企业需要获得正常的商业回报率的要求相似。

　　但当前的《企业国有资产法》中的部分条款也存在与竞争中性原则内涵相悖的内容。第五章关于国有资产出资人权益的重大事项的内容中，主要是国有企业合并、分立，增加或者减少注册资本，发行债券，分配利润，以及解散、申请破产的有关条款，规定国有独资企业、国有独资公司发生前述事项应由履行出资人职责的机构决定。如果履行出资人责任的机构是地方政府,这种情形无疑提高了政府对国有企业的控制力,企业在市场化经营的过程中将会受到多方面的掣肘,影响企业运营效率。

总的来看,《企业国有资产法》在推动竞争中性原则在中国的法律实践方面发挥了重要作用。一方面,《企业国有资产法》中的诸多条款均与竞争中性理念相契合,另一方面,也为中国继续推动竞争中性原则在法律方面的实践提供了范本。

(4)《国务院关于在市场体系建设中建立公平竞争审查制度的意见》(简称《公平竞争审查意见》)。该意见提出,"政策制定机关制定市场准入、产业发展、招商引资、招标投标、政府采购、经营行为规范、资质标准等涉及市场主体经济活动的规章、规范性文件和其他政策措施,应当进行公平竞争审查。"即"政府采购"是公平竞争审查制度最为关注的领域。此外,如"市场准入""产业发展""资质标准"等方面的问题是在政府采购中尤为关注的重点。

中国现有的经济政策和经济立法仍以部门政策和部门立法为主,因此体现了各个部门利益,并不能完全体现社会整体的公共利益,不同部门之间利益的协调也是平衡竞争中立机制尤为重要的内容。事实上,我国当前建立高水平的竞争中立原则主要面对的问题在于竞争执法机构与行业监管机构之间的协调。在中国,除了国家发改委、商务部和国家市场监督管理总局享有相应的竞争执法权,其他国务院组成部门或者国务院授权的事业单位对部分特殊市场也享有管理权。这类职能权限的交叉无形中增加了监管成本。对于特定行业竞争行为的监管,到底是由竞争执法机构执行还是行业监管机构执行,也成为当前亟须解决的问题。与此同时,部分特定行业的规章制度中关于市场竞争的内容大多是规范性条款,缺乏可以具体执行的内容,这也导致行业监管机构在行使监管权力时缺乏依据,无法充分地保证该行业市场的公平竞争环境。

（二）中国国有企业改革的主要重点与特点

1.政企分开

企业的经营形式是划分政府和企业之间角色分界线的重要标准。强调政企分开是要求商业活动应从政府活动中剥离出来,明确政府与企业两者的不同职能分工,也即将政府职能逐步从生产经营活动中抽离出来,使得企业变为一个独立自主的实体进行生产运营,公平地参与市场竞争,而政府则更多地承担服务职能,为企业的发展创造公平的外部环境。具体来看,政府应提供公共设施和基础服务,为各类型企业参与市场竞争建设一个平等的市场环境,制定有效的管理措施和法律政策等以实现对经济的宏观调控和完成经济发展的既定目标。政府没有必要作为管理者参与企业的日常管理,一来政府并不是专业的企业管理人,过度参与只会造成"外行人领导内行人"的局面;二来政府将过多精力放在对企业的管理上属于"舍本逐末"。从效率和优化分工的角度来看,国家对国有企业经营管理内容的控制应逐步减到最低,放手给企业本身发挥创造的空间。

目前形成的政府和国有企业之间的关系,有非常复杂的成因。从历史维度来看,我国的国有企业是由计划经济时代的国营企业演变而来,国营企业是指企业由国家出资和经营,其产权性质和行政事业单位一样。国家既是国营企业资产所有者,又是企业的直接管理者,管理着国营企业资产,"一个身份两个角色",也就是"一个人打两份工"。这一阶段的国有企业受计划经济政策影响较大,政企不分的现象比较严重,导致彼时的国营企业缺乏市场竞争力,也同时存在着生产效率低下的现象,这是对企业资源利用极大的浪费。这一阶段的政企关系是紧密而粗糙的,是混杂而缺少效率的。1979年中央工作会议决定扩大企业经营自主权。随着社会主义市场经济体制的建立,国营企业经过公司制改制,国家所有权和公司法人财产权及经营权逐渐相分离,形成新体制下的国有企业,但彼时所有权和经营权的分离,是非常初级的,也是非常不充分的。随后,所有权与经营权"可以适当分开"到现在明确提出实行政企分开,"将依法应由企业自主经营决策的事项归位于企业,将延伸到子企业的管理事项原则上归位于一级企业,将配合承担的公共管理职能归位于相关政府部门和单位"。这与竞争中性原则中"将所有权职能从监管部门特别是市场监管部门中分离开来,不干预国有企业董事会的独立决策和企业的日常管理"的逻辑是相一致的。

　　时至今日,尽管针对理清政府和国有企业之间的关系的提议和实践已经推动了几十年,但是仍然未能彻底解决国有企业政企分开、政资分开和所有权经营分离的问题。除了纳入国资委监管的企业外,相当一部分国有资产仍然由各级政府在直接管理。从企业作为经营者的角度来看,法人财产应当由经营者直接管理,同时法人财产并非经营者的私有财产,经营者在对法人财产的日常经营和管理中,应当注重财产的保值和增值,经营者有责任和义务管理好法人财产。然而基于政企不分的现实情况,国有企业作为经营者缺乏积极主动性参与企业日常的经营管理,使得国有企业在激烈的市场竞争中并没有展现出绝对的竞争实力,也为国有企业转型造成了极大的阻力。同样地,对国有企业资产管理既包括企业经营者依法行使法人财产权对法人财产进行购置、使用和处分,又包括代表国家行使所有权的国资委对企业所有者权益进行管理。这种角色的高度重合使得现在中国的国资委既做"裁判"又做"运动员",双重角色并没有带来经济运行效率的提高,反而增强企业的惰性和削弱企业的竞争实力,这与竞争中性原则的标准仍存在一定的差距。

　　政企分开并不等于"放手不管",而是通过设立一个尤为重要的前提——产权清晰,权责分明——来明确政府作为"裁判员"的角色,从而建立统一的国有资产监管体系。经营者通过科学营运法人财产,创造企业价值,维护国家出资安全和实现归属国家的企业权益保值增值,为企业创造更高的经济价值。而国资委职责总体是对国有企业所有者权益进行定量管理,对国有企业及经营者定量定性结合进行评价,具体是监管国有企业所有者权益即国家资本的安全和保值增值,监督国有企业经营符合国家政策要求和国家战略目标,履行社会责任。

2.分类改革

OECD 提出,政府运行的商业实体可能会产生非中性的问题,并非所有活动都适合公司化改造。一方面从政府剥离出来的完全独立的商业实体可能在经济上是缺乏效率的,同时政府公共企业和商业企业的运营目的也有所不同,因此需对政府的商业活动分类讨论。国有企业分类改革的重点是对国有企业功能和分类作出清晰的界定,明确不同类型国有企业职能的边界,有针对性地进行改革。上海在全国率先提出国有企业分类管理的概念,将国有企业分为竞争类企业、功能类企业和公共服务类企业。随后,全国各地发布的深化国有企业改革的意见,也基本上以上海的分类为基础。2015 年 8 月发布的《中共中央、国务院关于深化国有企业改革的指导意见》,明确提出分类推进国有企业改革,按不同类别,将国有企业分为商业类和公益类。北京按照功能定位的不同,综合考量企业目标和企业运营等各方面的因素,推进对市属企业的分类定责、分类配备不同功能特征的董事会、分类考核等改革措施,引导企业按照不同目标发展。同样,广东对准公共性企业和竞争性企业设计了不同的改革方案。针对准公共性企业,设计以政府购买服务、约定回报、“项目＋资源”等综合手段为核心的改革方案,并逐步引入社会资本参与重大基础设施项目投资、建设和运营,实现准公共项目资金来源多元化。针对竞争性企业,采取改制上市、引进非国有资本、管理层和员工持股等多种途径与社会资本混合交叉持股,尤其是对科技型企业,鼓励探索管理层和员工以现金、技术、虚拟股权等方式持股,探索对国有企业的分类改革,借此提高国有企业改革经济效率和经济回报。从这点来看,对国有企业分类改革的探索,一方面着力提升国有企业的市场竞争力,使之更适应与其他企业间的市场竞争;另一方面,对不适合完全市场化经营的行业,又保留国有企业的参与,以避免行业发展的空心化。

另外,要对国有企业商业行为和非商业行为进行区分,确保国有企业获得的公共服务补贴不会被用于商业经营活动,严禁交叉补贴、过度补偿等情况发生,不光是形式要区分,资产和成本也要分开核算。

3.政府补贴

在面对各种所有制企业时,政府应当扮演的是一个克制的角色,保持中立,谨慎运用各类优惠政策。如果政府在对企业进行补贴优惠的过程中对任何一方有所偏倚,势必会造成不公平竞争,尤其是政府与国有企业先天性的"亲密关系",更会加重不公平竞争环境对市场参与主体的负外部性;政府承担提高社会资源分配的效率,维护市场经济的健康运行的重要职能。因此,对国有企业经营补贴应当设立详细的标准,严格对补贴资金的管理方式。对于国有企业参与的商业性和非商业性的活动,要作出严格的使用规定,即政策性的补贴资金不得用于补贴商业活动,以降低国有企业过度利用补贴资金获取超越其他类型企业的竞争优势,或可能存在的滥用补贴情况。因此,国企接受补贴或补偿,应当以提供公共服务为前提,补贴对象以公益性国企为主,针对商业性国企的补贴或补偿政策会逐步减少甚至取消。防止国有企业利用与政府的亲近关系获取不正当的商业竞争优势,消除市场竞争中对竞争主体不平等和不合理的因素。取消不必要的政府补贴和削减高额的政策补贴,是确保竞争中性的重要内容。事实上,国家为了保护国有企业的存续和发展,对国有企业进行了大量的政府补贴,但这些补贴并没有起到提升国有企业市场竞争力的正面作用,反而使得部分企业在获取优势市场地位的同时削弱了自身的市场竞争力。从实践来看,国有企业获取补贴的数字是远远高于其他类型企业的,例如2018年,某A股上市公司共获得各类形式的政府补贴4 830

亿元,中央国有企业所获政府补贴金额的均值为 4.3 亿元,地方国有企业获得政府补贴的金额均值为 1.53 亿元,而民营企业获得政府补贴的均值仅为 0.73 亿元。而竞争中性原则的基本前提是,各类型的企业平等地参与市场竞争,不能依赖于公权力获取超越于一般市场主体的优势地位,这就要求政府不能按照企业所有权结构来获得政府补贴,而应按照市场条件、企业的竞争实力和企业需求一视同仁发放补贴资金。

4.税收优惠

税收中性也是竞争中性原则的重要内容之一,要求国有企业应与市场上的其他竞争对手承担相近的税负。中国的税率是以产品或行业划分,与所有权结构无关,因此符合竞争中性原则的要求。中国国有企业的税收负担要远高于民营企业,据统计,中国国有企业平均负担的税率是 27.3%,达到民营企业综合平均税负水平的 5 倍之多。这是由于国企管理更规范,纳税机制更健全,且承担更多的公共职能和社会责任。尽管在某些行业里,一些国有企业仍然享受政府税收减免、税收返还及其他优惠,但在 2016 年国务院发布的《关于市场体系建设中建立公平竞争审查制度的意见》,明确提出将逐步清理废除妨碍全国统一市场和公平竞争的规定和做法,其中就包含了有关税收优惠的内容。这也证明了中国正在以竞争中性原则为基础进行各项制度建设。

5.贷款优惠

竞争中性中要求贷款中性,即同等条件下,国有企业应当与民营企业保持相同的贷款利率,以及国有企业不应享有来自政府的显性的或者隐性的担保,否则会阻碍竞争中性原则的实现。首先,政府对国有企业的显性担保或隐性担保,使得国有企业在金融市场上有获得较低借贷成本的优势。其次,国企可能获得"预算借款",而免于支付与民营企业从金融市场借款同等水平的利息。在中国,由于所有权优势、规模优势以及银行的历史偏好,导致国有企业享有更多融资优势,即使在金融风险很高的前提下,国有企业面临的融资难度仍然非常小,贷款利率也十分低。但相比之下,民营企业,尤其是中小型民营企业要获得贷款较为不易,甚至需要企业共同联保才能获得银行贷款支持,使得民营企业在获取贷款的竞争中处于极为不利的地位。再次,银行业国家垄断以及政府对银行信贷的不当干预是国有企业能够取得贷款的很重要原因。刘世锦指出,在中国,贷款对民营企业和国有企业存在不平等,加之金融机构主要为国有企业、大型企业和传统业务服务,缺乏为民营中小企业、为创新活动服务的能力,缺乏相关的机构和产品。这种显性或隐性的借款不平等,还可能会带来资源配置的不平等,影响市场规律运行,甚至使市场无法发挥应有的"优胜劣汰"作用,造成应当被淘汰的落后企业仍然"苟延残喘",浪费更多的经济资源。因此,金融行业应进一步放宽准入,解决能力不对称的问题,发展更多能为民营中小企业服务的专业化金融机构和金融产品。

6.融资优势

竞争中性对于企业融资的要求不仅体现在一级融资市场,还体现在二级融资市场上,相较于其他类型的企业,国有企业在资本市场上,也有着优于其他类型企业的竞争优势。首先,国有企业在企业债券市场享有极大的竞争优势,相较于银行贷款和股票市场等获取资金的渠道,企业债券市场一直不是融资市场的主流选项。但在企业债券市场,其他类型的企业基本上被排除在竞争之外,我国当下企业债券制度的设计更多地体现对国有企业的过度保护。其次,国有企业在股票市场处于绝对的主导地位。纵观当下的股票市场,国有企业的上市数量和所占比例是远远高于其他类型的企业的。从最初的"计划审批制"到后续的"核准制",从制度上看,对国有企业是有所偏倚的。而股票市场中的"选择性执法"对于其他类型企业的威吓作用和限制作用却是远远高于国有企业的。

7.监管制度

竞争中性原则要求国有企业作为市场竞争的参与主体,应当接受与其他类型企业一致的监管环境,不应当因为自身所有权的不同而享有更为宽松的监管要求。现实中,在历次宏观调控或者是行业整顿后,民营企业大部分走向了自然破产或者被收编,相比之下,国有企业因为"大而不能倒"(too big to fail)往往采用重组、整顿、债转股等方式继续存续。按照监管中性的要求,无论是国有企业还是民营企业,都应该在监管方面一视同仁,这对于金融类国企的影响更为深远,失去监管庇护的国有金融企业,要摒弃特殊性的标签,采取更为市场化的手段参与市场公平竞争,接受市场优胜劣汰和良币驱劣币的考验。

OECD要求负责监管国有企业的政府部门应该相对独立,且不应该干涉企业经营活动的日常管理,为国有企业和民营企业提供平等的监管和竞争环境。但对于国有企业的监管,通常会存在两个极端现象,要么是对国有企业监管缺乏有效性,对国有资产的处置和运营带有较大的随意性,甚至会导致国有资产的严重流失;要么是对国有企业的运营和管理进行过多的行政干预,行政化色彩严重,导致国有企业经营效率低下。为了保证国有资产的安全,实现国有资产保值增值,相对私营企业,政府监管机构在一定程度上对国有企业采取了更加严格的监管和约束,与此同时,国有企业要承担更多的社会责任,这种情况下会削弱中国国有企业在市场中的竞争力,使其处于不利地位。

8.行业管制

竞争中性原则要求放松对行业市场准入等方面的管制,降低行政性的准入门槛,减少企业准入的限制,允许非国有企业进入原国有企业垄断领域。首先,事实上,很多行业的准入门槛高低和行业政策的风险大小,投资者并不甚了解,这往往是由信息不对称所导致的隐性行业门槛。其次,某些行业虽然未明确设定行业歧视性规则,但实际上对其他类型企业进入该行业设置了更多的审批条件。再次,在许多特定的行业中,中国都实行了严格的行业管制,例如电信、电力、铁路、民航、邮政、烟草、金融等行业。当然,近年来对这类行业的管制有所放松。2016 年 6 月 1 日,国务院发布的《关于市场体系建设中建立公平竞争审查制度的意见》就行业管制问题做出了详细规定,包括"不得设置不合理和歧视性的准入和退出条件;公布特许经营权目录清单,且未经公平竞争,不得授予经营者特许经营权;不得限定经营、购买、使用特定经营者提供的商品和服务;不得对市场准入负面清单以外的行业、领域、业务等设置审批程序等"。

这种显性或隐性的行业门槛,普遍体现在垄断性行业中,产生的歧视性效果不仅波及未进入该行业的其他类型的企业,对已经进入该行业的企业也产生了不利的竞争阻碍。虽然现阶段相应行业主管机构针对此类歧视性门槛的设立陆续出台政策文件,冀求减少对其他类型企业的歧视,但从实践效果来看,仍有较大的空间亟待完善。这类市场准入制度对其他类型企业进入相关行业造成的管制,一部分是因为市场准入制度自身设定不合理和不公正,同时也是由于缺乏立法层面的制度公平,给市场参与主体带来竞争阻碍。

9.信息披露

信息公开披露是现代化公司治理制度中的重要组成部分。充分的信息披露是加强对国有企业监督的基础,可以借此减少不当行政干预,市场经济国家普遍重视国有企业的信息公开披露。国有企业由于自身股东性质特殊,信息披露显得尤为重要。竞争中性原则内容包括了识别直接成本。识别直接成本的要求之一就是所有企业的商业活动要能够遵守较高的透明度及信息披露标准,特别是承担公共服务的国有企业。据 OECD 对竞争中性的调查显示,约一半的国家对国有企业的透明度和信息披露的要求高于私营企业。然而,中国一直都未能建立有效的国有企业信息披露制度,当下有关国有企业信息公开披露的法规尚不完善,表现在:一是国有企业信息主要是上报至上级国资委,不对公众公开;二是国有企业公开的信息比较单一,公开披露的信息水平和质量都不够高,无法通过公

开的信息判断国有资产实际的运行情况。针对当前的国有企业信息公开
披露制度,可以通过参照上市公司制定国有企业信息公开披露的标准,同
时指定国有企业和国有资产管理部门对国有企业的信息作出公开披露,
完善国有企业的公司治理,提升企业的透明度。表 5-3 总结对比我国国企
竞争中性原则特点和 OECD 的竞争中性原则。

表 5-3　中国国企竞争中性原则特点与 OECD 竞争中性原则对比

中国国企竞争中性原则特点	OECD 竞争中性原则
政企分开:将政府职能从经营活动中抽离出来,使企业作为一个独立的实体进行生产运营	精益政府企业的运作形式
分类改革:分类推进国有企业改革,并将国有企业分为商业类和公益类	精益政府企业的运作形式
政府补贴:取消不必要的政府补贴,确保市场公平竞争	直接补贴
税收优惠:同等条件下,国企与私企承担同等税负	税收中性
贷款优惠:同等条件下,国有企业应当与私营企业保持相同的贷款利率,以及国有企业不应享有来自政府的隐性担保	债务中性
监管制度:政府部门为国有企业和私营企业提供相同的监管环境	监管中性
行业管制:放松对行业的管制,允许非国有企业进入原国有企业垄断领域	履行公共服务义务
信息披露:建立有效的信息披露制度。无论是国企还是私企,都应对公众公开有效信息	识别直接成本

10.商业回报率

要求在商业性的竞争环境中,国有企业商业活动应与同类经营活动
有相近的回报率要求。如果不对国有企业商业经营的回报率提出要求,

那么国有企业很有可能通过降低回报率目标获得不正当的竞争优势,甚至于扰乱正常的商业市场行为。这与我国要求 2020 年实现国有资本收益 30% 的上缴比例也是一致的,无疑会进一步压缩商业类国企的利润空间。对于金融国企而言,原先享有的资金优势、价格优势要逐步向专业优势、人才优势、管理优势、声誉优势等更为市场化的优势转化。

(三)中国国有企业改革存在的问题

1.缺少公平的市场竞争环境

国有企业"寡头"占据了部分行业发展的重心,市场占有率高,对其他类型企业的进入产生了人为的排他效应。事实上,国有企业面临着"企业盈利"和"公共利益"之间的权衡,而国有企业在特定的行业领域总是垄断多于参与市场竞争,削弱市场竞争的公平性。这类妨碍市场公平竞争的行为主要体现在:首先,垄断性行业中的国有企业改革进展缓慢,改革成果并不显著。国有企业占据垄断地位的行业大多属于国家战略领域,针对这类领域国有企业改革涉及的因素较为复杂,改革的难度系数也非常高。例如,在电力领域,虽然国家已经颁布了重要的改革文件,但是缺乏多层次的配套改革措施,导致改革成效不明显。在对盐业体制进行改革的过程中,总体改革方案颁布后,大型国有企业却掌握了改革的方向和进程。改革方案中规定"不再核准新增",对现有企业形成利好,反而一定程度限制了竞争,形成准入壁垒,最后不利于提高整个行业的竞争程度,也不利于改善消费者的福利,最终的结果与改革目标背道而驰。其次,在打造公平的市场竞争环境方面的改革成果不显著。国企在各方面受到的照顾越来越多,而相对的民企面对的外部环境越来越差,两者之间的失衡使得整个市场依然没有形成有利于各类型企业共生的公平竞争市场环境。尤其是仍然存在其他类型企业无法进入的特定领域,或者市场准入门槛过高,其他类型企业的进入要面对隐性或复杂的行政门槛。

2.国有企业分类改革政策进展较慢

国家层面的改革文件已经颁布,且许多省的国资委后续也颁布了国有企业功能界定与企业分类的指导文件,其中部分省依据指导文件制定了国有企业分类的实施方案,并对省内国企进行落实。但在改革文件落实的过程中依然碰到诸多问题,如地方国资监管部门和国企尚未统一认识,导致政策的实施效果大打折扣;部分地区的监管机构和国企对分类的方法产生疑问,具体应该是对企业定性分类还是定量分类;更为复杂的问题是,在对国企进行分类后,监管机构的联动改革没有及时进行,如缺少分类监管和分类考核的政策配套措施。截至2018年6月28日,中国国有企业包括96家央企和10万余家地方国有企业,多数企业都是多元化经营,企业的定位也具有多样性,存在大量的交叉持股现象。随着国内外经营环境和产业结构的变化,国有企业的经营边界也在逐渐扩大,其功能和定位也会随之调整以满足新的需求,导致在监管机构对国有企业进行分类改革时无法准确把握国有企业的性质,划分标准依然不够明确,这类技术性和操作层面的国企分类改革问题也阻碍了分类改革的进程。

3.缺乏专门的立法支撑

无论是企业法还是公司法都未对政府对国企的监管权力做出清晰的界定,导致政府的行为从多方面对国企经营产生影响。当前没有颁布针对混合所有制企业的专项法律和规章,因此不同所有制企业的资本管理权力无法进行确认。在国企经营无法实现去行政化的情况下,国有企业和混合所有制企业的市场自主能力就无法得到有效保障。第一,没有颁布针对国企混改的专项法律法规,这对于参与国企混改的不同主体可能产生两方面的问题,一是企业无法掌握参与市场竞争的自主性,导致企业在市场层面不对等,影响企业的运营效率;二是国企的权责没有被清晰界定,无法保障企业是在经过准确评估以后自主参与合并,国有资本有可能会采取强制方式收购民营企业。第二,没有颁布专项法律用于保障改革后的混合所有制企业中股东的权利,即混合所有制企业中不同所有制性质的股权可能无法拥有相同的权益,这就导致在国有资本相对控股、绝对控股或者参股的情形下,国有资本对混合所有制企业都拥有控制权,民企的发言权受到抑制,无法形成不同性质股权之间相互制衡的股权结构。

4.部分公司依然存在公司治理结构不健全的状况

在当前改革的进度下,许多产业的混改企业依然未能建立合理的公司治理结构,存在诸多管理问题。第一,许多产业中的国有企业在进行混改之前并不是完全自主经营的市场主体,政府对企业有很大的影响力。在政企不分的情形下进行混改,国有资本借助政府的影响力依然对企业保持绝对的控制力,而民企股权无法享受相应的权益,从而无法形成相互制衡的股权结构。第二,许多国企在混改之前并没有完全进行分类管理,从而无法按照企业性质进行混改,且针对企业的改革主要是在项目或者子公司层面,在主业务层面及集团层面却保留着国有资本控股的情形,原有的公司治理结构不健全的问题依然存在。

5.政府与市场的关系问题

尽管当下中国业已建立社会主义市场经济体制,但受行政体制改革滞后的影响,并未完全建立起与现代市场经济体制相适应的政府架构和政府职能。此外,受计划体制和晋升激励等各方面因素的影响,各级政府尤其是地方政府干预微观经济活动的现象仍然十分普遍。在中国市场不断发展的过程中,政府与市场之间的关系失衡,政府形成了强势的影响力,最终导致了强政府弱市场的格局。强调政府对市场的干预作用直接弱化了市场的自动调节能力,也造成政府与市场的关系失衡,对市场配置资源的能力产生不利影响,价格信号作用弱化,各类资源无法高效流动。政府的扩张也造成社会中介组织成长缓慢,导致政府与企业无法有效进行直接沟通,影响了政府与市场之间的关系。

二、中国国有企业享有制度优势的具体表现

(一)市场准入制度实施层面优势

市场准入,是指一个国家或政府通过法律或政策规定的形式为自然人、法人进入市场从事经营活动设定条件及程序。市场准入是市场主体踏入市场竞争环节的起点,也是市场主体是否能够享有公平竞争环境的前提。此外,由法律和政策组成的市场准入限制是一种难以突破的制度性壁垒,相较于由科技创新和行业属性等产生的经济性壁垒具有国家(地区)强制性。"准"与"不准"之间天差地别。

2013 年起,我国通过建立自由贸易试验区的形式来探索进一步扩大投资领域的对外开放,如今《自由贸易试验区外商投资准入特别管理措施(负面清单)》已经更新至 2020 年版,自贸试验区内的市场准入负面清单已经缩减至 30 条①,但"准入不准营"的问题依旧存在。同样,在国有企业市场准入优势表现上,我国立法层面上未对民企做过多限制,但现实中存在的巨大障碍体现为民企的"准入不准营",即在准入制度的实施层面民企面临着众多障碍。

首先,立法层面准入规制指的是,政府通过行政手段只允许特定企业在该行业竞争运营,并限制其他企业进入该行业市场。限制方式既包括

---

① 经党中央、国务院同意,国家发展改革委、商务部于 2020 年 6 月 23 日发布第 32 号令和第 33 号令,分别为《外商投资准入特别管理措施(负面清单)(2020 年版)》和《自由贸易试验区外商投资准入特别管理措施(负面清单)(2020 年版)》,主要变化:一是加快服务业重点领域开放进程。金融领域,取消证券公司、证券投资基金管理公司、期货公司、寿险公司外资股比限制。基础设施领域,取消 50 万人口以上城市供排水管网的建设、经营须由中方控股的规定。二是放宽制造业、农业准入。制造业领域,放开商用车制造外资股比限制,取消禁止外商投资放射性矿产冶炼、加工和核燃料生产的规定。农业领域,将小麦新品种选育和种子生产须由中方控股放宽为中方股比不低于 34%。三是继续在自贸试验区进行开放试点。在全国开放措施基础上,自贸试验区继续先行先试。医药领域,取消禁止外商投资中药饮片的规定。教育领域,允许外商独资设立学制类职业教育机构。

"显性"门槛,即规定准入企业的股权比例;也包括了各种"隐性"门槛,比如运营企业需要获得特定牌照,但牌照只授予特定类型企业。市场准入管理方式关系市场主体进入市场的可能性和便利程度,是影响竞争中性的重要因素。歧视性市场准入管理不仅提高了部分市场主体参与市场竞争的准入成本,同时也限制了其参与竞争的能力,并使享受准入优待的企业获得不合理的成本优势。

　　不可否认,我国仍存在部分行政性垄断行业和专卖行业,比如烟、酒和媒体等行业。以烟草行业为例,1991 年,全国人民代表大会常务委员会通过了《中华人民共和国烟草专卖法》,1997 年国务院发布《中华人民共和国烟草专卖法实施条例》,自此国家对烟草制品实施全流程管控,从生产、收购、运输、储藏、销售到批发;同时国务院设立烟草专卖主管部门负责烟草制品生产企业、烟草专卖生产企业许可证的发放工作,并对现有烟草制品生产企业的分立、合并、撤销和扩大产能实施审批监管。尽管近年来法规修改有由直接行政垄断逐渐转为经济垄断的导向,但是目前烟草制品行业依然处于强行政垄断状态。

　　汽车市场业也曾经设立严格的准入门槛。1994 年国务院出台的《汽车工业产业政策》,规定国家新批准的整车、发动机项目(含中外合资、合作项目)原则上按以下规模建设:(1)发动机排量在 1 600cc 以下的轿车项目,不低于年产 15 万辆;(2)轻型货车项目不低于年产 10 万辆;(3)轻型客车项目不低于年产 5 万辆。而当时,国内汽车生产规模最大的上海桑塔纳年产量仅 11.5 万辆,产业政策的规模要求实际上为缺少资本积累的民企设置了非常高的障碍。除了投资准入门槛外,车企还面临产品准入规制,所生产的汽车需要进入《道路机动车辆生产企业及产品公告》的名录,并接受强制性产品认证,这项产业政策的目的主要是扶持三大国有合资集团上汽、一汽、东风迅速发展,但也抑制了民营企业的进入和发展。在 2004 年的新版产业政策中,依然保留了新建项目生产规模不得低于

"装载 4 缸发动机 50 000 辆；装载 6 缸发动机 30 000 辆"的投资规制。

竞争中性要求在市场准入管理上以平等的态度对待各类市场参与主体，确保各类性质的企业平等地参与市场竞争，不存在国有企业与非国有企业、外资企业与国内企业享有不同的市场准入规定和便利保障，确保任何参与市场的主体不受到歧视性的对待。

2.外资准入

外资准入主要指的是对外资直接投资中国境内企业的限制程度。外资的市场准入限制一般体现在两个方面：本国禁止或限制外资进入的领域和外国可投资领域的持股比例限制。出于对国家安全和社会稳定的考虑，中国对某些行业实施禁止外资参股的准入限制。而竞争中性原则的要求更加突出对国际市场参与主体设立公平竞争的机制，核心是要求公平对待本国国有企业与外国企业。

但我国法律常见的规定是对外资持股比例限制在 50% 以内，其经济实质为：允许外国资本参与该行业的市场，但是不允许外商获得任何一个竞争主体的控制权和经营权。证监会对外资持股比例作出了限制，单个境外投资者的持股比例不得超过 10%，所有境外投资者的持股比例不得超过 30%，达到 28% 时要暂停买入交易，直到持股比例下降到 26% 以下才能重新恢复交易。从已经放开市场准入的行业投资趋势可以看出：一方面，外商独资公司数量全面超过中外合资和合作企业数量；另一方面，原有中外合资企业外商控股权明显扩大。由此可见，外商投资更倾向于独资，合资公司形式只是面对市场准入限制时的替代选择。尽管外国资本参与管理有效提升了合资企业的竞争力，但是股权比例"天花板"也从创新动力和治理结构两个方面给企业带来了不利影响。外资禁令限制了这些行业的筹资渠道，迫使这些行业的企业极度依赖境内资本。从企业外部环境看，外资准入也限制了市场中竞争对手的数量、种类和水平，从而降低了竞争激烈程度。

　　基于此,2020 年我国出台了新版的外商投资准入负面清单,对外商投资的限制性措施进一步缩减为 33 条,并发布了自贸试验区外商投资准入负面清单,对于文化、资源、电信等领域进一步扩大开放。2019 年我国制定的《外商投资法》第 4 条规定,"国家对外商投资实行准入前国民待遇加负面清单管理制度,使得外商企业在设立、取得、扩大等阶段获得国民待遇",同时该法第 16 条规定的外资企业获得参与政府采购公平竞争的权利,也第一次打破了"本国产品优先"的惯例。但《外商投资法》作为外商投资领域的一部基础性法律,在落实过程中还需要其他法规或实施细则来配套,仍存在较大的完善空间。虽然当前的一系列实践在探索降低外商投资门槛,但完善竞争中性原则以创造更为公平的外部市场环境,还需要进一步完善和优化各类负面清单制度作为主抓手,不断明晰政府与市场的边界。

(一)政府财政补贴优势

　　政府补贴,并非通常意义上的法律概念,其更多地体现在政策层面,是指政府或其授权的组织直接或间接地向企业提供财政上的援助。从分类来看,根据提供补贴主体的不同可以将政府补贴划分为中央财政补贴和地方财政补贴两大类;从范围来看,政府补贴还可以分为广义的补贴和狭义的补贴,广义的补贴可以包括政府提供的货币补贴和非货币补贴,即政府不仅可以向企业提供资金上的支持,也可以向企业提供土地、矿产、林地等非货币性的补贴;而狭义的补贴仅仅指政府的资金补贴。理论上讲,国有企业和民营企业在市场中应该具有平等的地位,包括享受到的政府补贴资格和金额。从积极角度来看,政府补贴具有一定的正当性,通过货币手段或非货币手段实现对行业的扶持和发展,对市场中的弱势群体提供帮助,带动整个行业的进步与发展。如果补贴运用得当,能对整个市场的发展产生正面的影响,但是实际操作中由于地方政府的政绩追求和地方保护主义,很难保证在补贴时平等对待不同性质的企业。另外,实践中不公平的政府补贴会自然偏向国有企业,这使得补贴的覆盖范围具有相当的局限性。再者,政府补贴的类型过于复杂,在实际操作上缺乏客观的竞争标准,部门意志和个人意志凌驾于客观的筛选标准之上,其他类型的企业并未在政府补贴中受益,导致国企在市场竞争中获取了更强的竞争优势,从而破坏市场经济的运行机制。

首先,政府更倾向于向国有企业提供补贴。据 Wind 数据统计,2018年,A 股上市公司共获得各类形式的政府补贴 4 830 亿元,中央国有企业所获政府补贴金额的均值为 4.3 亿元,地方国有企业获得政府补贴的金额均值为 1.53 亿元,民营企业获得政府补贴的均值为 0.73 亿元。民营企业在金融市场上融资成本要远远高于国有企业,存在着"融资难、融资贵"的现象。但低成本的政府补贴资金被大部分国有企业占用,更进一步加剧了民营企业的融资困境。

其次,除了直接的政府补贴之外,国有企业还可以利用自身的优势地位,获取隐性补贴,主要体现在以下几个方面:第一,银行信贷方面的融资优势。截至 2019 年 8 月末,民企贷款余额约为 45 万亿元,占全部企业贷款余额的约 30%。债券融资方面,2010—2019 年,非国有企业累计发债规模占市场总规模的比例仅为 9.86%,国有企业累计发行规模占比高达 90.14%。第二,土地资源使用权。实际上,政府通常会免费或以廉价的租金将土地分配给国有企业。根据《宪法》,我国城市土地属于国家所有,企业使用土地的前提是取得政府部门的批准并缴纳相应的费用。根据《城市房地产管理法》规定,"城市基础设施和公益事业用地以及国家重点扶持的能源、交通、水利等项目用地可以由政府划拨,使用者只需缴纳少量补偿、安置费用;使用期间,无需向国家支付土地租金或使用费。"而基础设施、公益事业及重点扶持项目主要由国有企业经营,因此这类划拨土地一般只有国有企业才有资格取得。此外,国有企业可以通过转租土地,从租金中获利,这显然加剧了国有企业与民营企业之间成本和利润上的不公平。土地是一种稀缺性资源,随着城市化的不断推进,土地的商业价值不言而喻,对于中小型企业来说,土地成本是商业成本的重头。与此相比,无偿使用土地资源的国有企业,完全不需要支付高昂的土地开支,这对于其他参与市场竞争的主体,显然是不公平的。第三,使用矿产资源的优势。我国矿产资源,如石油、天然气、煤炭等,使用权大部分都掌握在国有企业的手里,而国有企业是主要的矿产资源使用者,国有企业对此类资源的使用往往只需要缴纳低廉(甚至为零)的资源税费,从而极大降低企业的生产成本,转化为中下游链条竞争的优势,压缩其他企业的生存空间。如中国煤矿资源补偿费占煤炭价格的比例不足 2%,而世界的平均水平则为 8%~10%。第四,国有企业利润留存较多,部分亏损却由政府承担。按照国际惯例,上市公司股东分红通常是税后利润的 30%~40%。我国自 2007 年执行国有企业上缴利润制度以来,国有企业上缴利润占国有企业利润总额的比重从 2011 年的 3.36% 上升至 2019 年的9.36%。显然,国有企业上缴利润比例仍然较低,实际上相当于获得了廉价的金融资源。国有企业的亏损性补贴在出现之初,有自己的成立背景,但国有企业发展至今,再获得政府提供的亏损性补贴,已经不合时宜,甚至在实际操作中,滥用亏损性补贴的情况也时有发生。

再次,事实上,国有企业获得补贴,很多情况下并不是因为国有企业更符合补贴项目的要求,而是基于信息不对称的优势。由于现行补贴机制和补贴类别的原则性和粗放型操作,国有企业更容易获得补贴,这降低了国有企业参与市场竞争的竞争实力。政府为缓解国有企业的竞争压力,对国有企业实施经常性的补贴,使得国有企业产生了惰性,失去发展的动力,陷入对补贴依赖的恶性循环。政府向已经走向疲态的国有企业补贴,并未能完成所希望的"造血"功能,反而"越补越亏",浪费了大量的财力资源和人力资源,甚至于扭曲市场公平竞争制度。

(二)政府信用支持优势

国有企业与政府之间关系相较于其他类型企业与政府之间的关系更为紧密,这种优势为国有企业与政府沟通并从政府部门牟取资源创造了机会。同时,国企不仅仅是自负盈亏的市场经营主体,同时也承担了大量的社会责任,这些都对国有企业的运营产生重大的影响。因此,国企有较强的动机向政府申请各种补贴,比如通过信贷优惠的方式获得补偿。银行信贷是中国企业最主要的融资来源,在国有企业的信用评级达不到银行要求或者缺乏足够担保的情形下,其有强烈的动力游说政府,而地方政府也有可能基于地方经济保护主义,通过向商业银行施压干扰信贷行为,这导致银行的信贷资源向国企大幅度倾斜,但不良运营的国有企业也会带来潜在的金融风险。

根据中国财政科学研究院 2017 年发布的研究成果显示,近几年国有企业的融资环境明显得到改善,但民营企业的融资状况越来越差。国企的平均融资规模在持续提高,2015 年的融资规模是 7.15 亿元,2017 年的融资规模是 22.54 亿元,而民企的平均融资规模从 2015 年的 5.99 亿元下降到 2017 年的 4.6 亿元。国企的融资成本也在下降,国有企业在各种融资渠道的成本都低于民营企业,如信贷、债券、股权融资等。"相比之下,国企只占 GDP 的 1/4 左右。2017 年共有 1 289 只债券发行成功,发行规模为 1.26 万亿元,其中民营企业的发行规模仅为 1 573.5 亿元。从金融机构境内大型企业贷款上看,无论是贷款余额还是新增贷款方面,2014 年以来民营企业所取得的贷款占比均小于 20%,而国有控股企业则始终占据着较高的贷款比例。同时,获得银行贷款的民营企业还面临着断贷、抽贷的风险,续贷时往往需要寻求高息的过桥贷款的帮助,从而阻碍了一部分中小民营企业的融资。

(三)行政垄断

首先,政治体制在影响经济资源配置方面发挥着重要作用,而政府对市场运作的潜在影响是巨大的。与市场"看不见的手"相辅相成,政府在经济资源配置中发挥重要作用,就要实现监管职能的指导性和互补性。除了颁布法律、制定和实施各级政府政策外,政府还可以通过其拥有、控股或实质影响下的企业等实体,一方面获取市场垄断优势,另一方面还可能对其他市场参与者带来举足轻重的影响,这些都会影响其他企业所参与市场的性质和运作,对那些本可能成为更有效市场参与者的私营企业造成严重冲击。

其次,市场统一是建立现代市场体系的核心要素,这直接关系到市场配置资源作用的范围和程度。统一市场有两个层次:从交易场所看,统一市场要求允许尽可能多的市场主体进入市场参与交易,任何潜在的市场参与主体都应当拥有平等地进入市场不受除自然因素以外的其他因素的阻碍的权利,尤其不能受到政府歧视性规则与政策的排挤和限制。从交易制度看,所有进入市场的参与主体都能够受到相同程度的规则和政策的制约开展经营活动,公平地参与市场竞争,不应受到政府政策和管理措施不合理的束缚和不公平的对待。与碎片化的区域性市场相比,统一市场为市场主体带来更大的选择空间。区域性市场失去独立性和封闭性发展成全国统一市场的过程,也是居于垄断地位的产品和服务面临更多更强替代竞争的过程。替代竞争提高了产品和服务的价格弹性,逼迫垄断者采取接近竞争性市场的经营策略以应对替代竞争。

再次,无论是发达市场经济国家还是新兴市场经济体,地方政府在促进地方发展和维护本地利益方面普遍享有广泛的权力。面对区域外产品与服务的进入,地方政府基于实现本地税收和就业目标的需要,具有保护本地企业和实施地区垄断的自利动机,会选择对外来市场参与主体设立更高的交易门槛而排除或限制其参与区域经济市场的竞争。地方保护和行政垄断造成市场分割,相当于为本地市场设置了一个本地企业正常准入、区域市场外企业难以逾越的壁垒,抬高区域市场外企业市场准入门槛,让本地企业减轻或免受竞争冲击。这种偏离竞争中性的政府作用导致地区间企业成本和竞争优势的不合理差异,诱导企业将核心资源和能力用于谋求地方政府的更多保护,扭曲市场的资源配置作用。

1.销售行政垄断

从纵向维度上看,为了保护本地所有或者控制的企业,地方政府或职能部门针对进入本地市场的外地商品采取一些行政措施来建立销售障碍,采用制定规章或行政通知等方式,增加外地产品流通难度,达成限制其市场份额的目的。由此造成的区域化垄断及地方保护主义从短期来看促进了区域经济的增长,但从长远角度来看会导致各省内各产业的过度重复和资源浪费,具体表现在同一产业内的地方生产商数量众多,比如汽车和水泥业。再者,在现行的行政体制下,GDP 增速是考核一个地区官员政绩非常重要的参考指标,这无疑增强了地方政府通过限制外地产品发展本地经济的积极性。在发展经济的过程中,政府借助地方国有企业这一载体,完全地参与到市场竞争中,并通过各种方式试图影响本地区经济的发展,以便分享经济发展的成果。地方国企借助地区垄断的保护,独占当地市场,而非国有企业则因为相对缺乏与地方政府的密切联系,不但无法依托地区垄断占据市场份额,反而更容易成为地区垄断的受害者,丧失本可进入的市场。此消彼长之下,该行业就会出现国企市场份额远超非国企市场份额的扭曲现象。以 2017 年营业收入衡量不同产权企业在各自行业的市场份额,2017 年共有 22 个行业的国企市场份额在 25％以上。

在所有非自然垄断行业中,垄断集中程度最高的为烟草制品行业,国有控股烟草企业收入占行业收入的99.28%,但考虑到该行业中国企数量为该行业企业总数的77.05%,这种极端的市场结构既有准入规制的原因,也有地方部门对烟草市场实施地区垄断的贡献。主要体现为:经营机构和管理机构合署办公使一个部门同时具有地域销售权和管理权,烟草公司和烟草专卖局是合作方,卖方因此没有选择权,运营很大程度上受到烟草公司的影响。这种买方市场垄断不仅抑制了民营烟草公司的生存空间,也诱导地方保护主义的产生,造成了区域间市场分割和垄断经营。

市场垄断程度第二高的为开采辅助活动企业,虽然有大量民间资本进入该市场领域竞争,非国有企业数量占行业数量的80.77%,但数量与市场份额的比例严重失衡,80%左右的市场份额被行业内20%左右的国企占据,而下游的石油和天然气开采业中,国企市场份额为84.3%,与开采辅助业的市场结构极为接近。造成市场结构趋同的原因之一是,开采辅助业企业承接业务时,施工队需要通过中石油和中石化等国有石油企业的准入审查和资质审核,且不同油田区域运营相互独立,各分公司在选择施工队时有自主选择权和独立资质认证权。

2.采购行政垄断

竞争中性原则要求政府在行使公共采购职能的过程中,应保证采购标准公正、透明,平等对待国有企业和其他企业。但在中国政府采购实践当中往往出现以下几类行政垄断行为:

第一,地区封锁。为限制外省企业同本省企业的竞争,地方政府对地方控制或所有的企业实施地方保护,排除和限制了相关市场竞争。即地方政府为了保护本地企业利益,在政府采购活动中会直接利用行政权力对地区以外的企业进行限制,阻碍其公平参与本地的政府采购项目,还表现为阻碍本地企业参与其他地区的政府采购项目,或者是在非招标性的采购项目中限定特定的供应商。

第二,差别化供应商。政府在采购实践中,会从多方面考察供应商,如供应商的资产负债情况、行业地位,甚至还有企业的地域情况等,在发布的招标资格预审文件中会设置许多苛刻的条件,这些条件会限制一部分供应商,使参与者不能公平地参与到政府采购项目中。

第三,为供应商限定交易方。在供应商中标后,地方政府可能会要求供应商向特定的企业采购原材料、服务等,增加地区内的企业在政府采购中的占比,这是变相的行政垄断行为。

第四,限制信息的获取。政府的采购招标信息的发布并没有特定的渠道和特定时间的要求,因此,政府在发布招标信息时会故意选择公开性较低的平台,或者在临近招标截止日发布招标信息,致使其他供应商无法及时准备招标材料,通过上述方式政府特定的供应商将会中标,达到政府保护本地企业的目的。

在政府采购领域,诉讼事件时有发生,因而竞争中性在政府采购领域也得到了较多关注,而当下针对政府采购的中性规范仍有待加强。虽然我国 2002 年制定了《中小企业促进法》,从财税、融资、创业、创新等方面规定不得歧视中小企业,并为中小企业提供特殊优惠,例如该法第 40 条规定,"向中小企业预留的采购份额应当占本部门年度采购项目预算总额的 30% 以上;其中预留给小型微型企业的比例不低于 60%。中小企业无法提供商品和服务的除外。"结合各地出台的小微企业发展促进政策,实际上是对小微企业参与市场竞争提供了制度上的支持。但这并未从根本意义上改变中小型企业乃至小微企业参与政府采购的不利地位,因而可以适当性地引入竞争审查制度或者竞争评估制度,即竞争主管机构或其他机构通过分析、评价拟订中(或现行)的法律可能(或已经)产生的竞争影响,提出不妨碍法律目标实现而对竞争损害最小的替代方案的制度。

(五)政府对国企的隐性补贴

对国有企业显性的补贴通常是财政补贴,是指国家通过财政给予国有企业一定经济上的补偿,冀求实现特定的政治、经济和社会目的。它既是一种国家财政的分配行为,也是国家干预经济的手段。除了显性的财政补贴之外,国有企业还可以基于和政府之间的紧密关系获取隐性的补贴,例如地方政府通常给予国有企业提供担保和税收优惠,形成政府对国有企业的隐性补贴。

在当前的背景下,地方政府及其部门和机构为了融资发展本地经济,纷纷成立法人性质的实体,同时也承担政府的部分职能。从产生的原因来看,这些地方法人实体成立之初就是为了便于政府参与到市场中去,因此与政府关系紧密,可以把地方融资平台看成政府职能的外溢,是政府职能的法人化。由于政府通过地方融资平台获得的资金主要用于地方的市政基础设施建设和其他公共服务建设,从贷款人的角度来看,更像是地方政府对本地区的城投债提供了隐性担保。除地方提供的基本融资平台外,还有一类与政府有着密切联系的国有控股的国有企业。市场上投资者一般认可政府为其提供隐性担保,降低其融资成本。事实上,隐性担保人的行政级别越高,隐性担保带来的积极影响就越明显。

根据 2018 年 Wind 数据,分析 A 股上市公司 2013—2018 年发行的5 028只债券,在各个评级的债券风险溢价中,国有企业的风险溢价平均低于同级别的其他类型企业 0.5%,即国有企业通过来自政府的隐性担保,大大降低其融资成本,而这种政府隐性担保是影响中国资本市场债券价格的重要因素。

三、本章小结

本章首先分三个阶段梳理了中国国有企业的改革历程、历次国企改革的具体目标,从实践的角度对现有法律法规包括《宪法》《反垄断法》《国有企业资产法》《国务院关于在市场体系建设中建立公平竞争审查制度的意见》中对国有企业的约束进行分析,并从政企分开、分类改革、政府补贴、税收优惠、贷款优惠、监管制度、行业管制、信息披露等八个方面总结了中国国有企业改革的特点;根据对国有企业历次改革过程的分析,总结了当前中国国有企业改革存在的问题,主要包括:尚未形成国有企业与民营企业公平竞争、共同发展的外部市场环境,有关改革进展不显著;国有企业分类改革进展缓慢;缺乏专门的立法支撑;没有解决原有公司治理结构不完善的问题;依然存在政府对市场的过度干预,对国有企业经营的过度管控,政府与市场的关系没有完全理清。

在分析中国国有企业历次改革和当前国有企业改革存在问题的基础上,本部分总结了当前中国国有企业非竞争中性的表现形式。具体包括:政府对国有企业存在过度的补贴;政府与国有企业紧密的关系形成的金融机构对国有企业的优惠信贷政策;部分行业存在地域性销售和政府采购形式的行政垄断,造成市场分割;对部分行业限制民营企业准入以及外资准入,限制了市场参与主体的多样性;政府通过隐性担保形成了对国有企业的隐性补贴。

第六章

中国实施竞争中性原则的路径及内容

2018 年 12 月 24 日,李克强总理在主持召开国务院常务会议时指出:要按照竞争中性原则,在招投标、用地等方面,对各类所有制企业和大中小企业一视同仁。① 在会见出席"中国发展高层论坛 2019 年年会"的境外代表时,李克强总理表示:要按照竞争中性原则一视同仁、公平地对待所有外商投资。② 这表明,中国将会在"企业所有制"和"企业国籍"两个层面上贯彻竞争中性原则,并且中国将在国际法意义上的"竞争中性"的基础上进一步赋予"竞争中性"更为丰富的含义。后期陆续推出的一系列重要政策③围绕完善公平竞争制度的政策目标从多个方面提供了指导意见,主

---

① 《李克强:支持中小企业和民营经济发展要把握这个大原则》,中华人民共和国中央人民政府网站,http://www.gov.cn/xinwen/2018-12/26/content_5352458.htm。访问时间:2019 年 3 月 29 日。

② 《按照竞争中性原则一视同仁、公平地对待所有外商投资》,中华人民共和国中央人民政府网站,http://www.gov.cn/xinwen/2019-03/25/content_5376771.htm,访问时间:2019 年 3 月 29 日。

③ 2020 年 6 月 1 日发布的《中共中央 国务院印发海南自由贸易港建设总体方案》中指出"7.建立健全公平竞争制度。强化竞争政策的基础性地位,确保各类所有制市场主体在要素获取、标准制定、准入许可、经营运营、优惠政策等方面享受平等待遇。政府采购对内外资企业一视同仁。加强和优化反垄断执法,打破行政性垄断,防止市场垄断,维护公平竞争市场秩序。"2020 年 5 月 11 日发布的《中共中央 国务院关于新时代加快完善社会主义市场经济体制的意见》中规定"对处于充分竞争领域的国有经济,通过资本化、证券化等方式优化国有资本配置,提高国有资本收益。进一步完善和加强国有资产监管,有效发挥国有资本投资、运营公司功能作用,坚持一企一策,成熟一个推动一个,运行一个成功一个,盘活存量国有资本,促进国有资产保值增值……在要素获取、准入许可、经营运行、政府采购和招投标等

(转下页)

要包括以下几个方面：第一，强调政府采购环节对内外资企业应遵循一视同仁的原则；第二，从加强反垄断执法入手，强调打破固有行政垄断以及隐性行政壁垒；第三，保障不同性质的市场主体平等获取生产要素；第四，深化处于"充分竞争领域"的国企的混合所有制改革和现代化公司制度改革。

我国推行的竞争中性原则主要涵盖四个方面的内容：（1）国家作为出资人的相关公权力相分离；（2）国有企业按照战略目标和性质不同进行分类；（3）公益类国有企业特殊职责的规范；（4）构建国企与民企公平竞争环境。

中国实施竞争中性原则可以从两方面同时推进：一是借鉴国际适用竞争中性原则不同模式中可为我所用的部分，通过调整国内相关法律法规和政策，推动国有企业深化改革，打造公平竞争的市场环境；二是同时还要注重在国际层面上，利用双多边协议确立和推广有中国含义的竞争中性原则，在涉及国有企业问题的国际规则制定中把握中国话语权。

（接上页）

方面对各类所有制企业平等对待，破除制约市场竞争的各类障碍和隐性壁垒，营造各种所有制主体依法平等使用资源要素、公开公平公正参与竞争、同等受到法律保护的市场环境……建设高标准市场体系，全面完善产权、市场准入、公平竞争等制度，筑牢社会主义市场经济有效运行的体制基础。"2020年3月30日发布的《中共中央　国务院关于构建更加完善的要素市场化配置体制机制的意见》中发布的"完善要素市场化配置是建设统一开放、竞争有序市场体系的内在要求，是坚持和完善社会主义基本经济制度、加快完善社会主义市场经济体制的重要内容……一是市场决定，有序流动。充分发挥市场配置资源的决定性作用，畅通要素流动渠道，保障不同市场主体平等获取生产要素，推动要素配置依据市场规则、市场价格、市场竞争实现效益最大化和效率最优化。"

一、基本目标

(一)营造各类市场主体平等、公平竞争的营商环境

只有让各类市场主体以平等的地位按照公平的市场规则参与竞争，才能更好地发挥市场机制引导资源配置的作用。竞争中性原则旨在通过法律形式推动民营企业与国有企业遵循统一的市场规则开展竞争，保证各类从事经济活动的实体不因所有制、国籍或注册地受到歧视，①进一步营造公平有序的营商环境。

(二)进一步推动中国国有企业深化改革，快速提升其参与国际竞争的能力

回顾中国加入 WTO 以来的历程，可以看到，暂时的阵痛，换来的是整体经济效率和增长质量的提升。"入世"以来，随着发展环境和治理结构不断改善，国有企业的盈利能力和国际竞争力显著增强。

在日益严峻的国际政治经济形势下，国有企业亟须转变传统的依靠行政干预的发展思路，通过引入市场竞争机制和公平竞争的商业规则进一步深化改革。贯彻落实竞争中性原则，能够有效促进国有企业运营机制与市场机制深度融合，激励国有企业加快提高核心竞争力和综合实力，真正成为依法自主经营、自负盈亏、自担风险、自我约束、自我发展的独立

---

① 见 Antonio Gomes(Head of OECD Competition Division)，Balancing Public Policy Considerations Application of Competition Speech on 7th ASEAN Competition Conference Malaysia，8 March 2017，Http://mycc. Gov.My/sites/default/files/3b. ％207th％20ACC％20－％20Breakout％20Session％201％20－％20Mr. ％20Antonio％20Gomes％20－％20Balancing％20Public％20Policy％20Considerations＿7th％20ASEAN％20CC＿Rev. Pdf，2018－12－18.

市场主体。

(三)打造中国模式竞争中性,参与相关国际规则制定

随着国际地位不断提高,中国在国际规则制定中掌握越来越多的话语权①,中国一改过去被动接受既定国际规则的劣势地位,积极主动地参与到新的国际规则和国际治理体系的创建和完善中。中国需借此机会,讲好中国故事,打造和推行竞争中性的中国方案,在国际社会争取更多的主动权。

二、竞争中性政策的实施步骤

(一)国有企业分类

根据在经济社会发展中的作用、主营业务和核心业务范围,可以将国有企业分为商业类和公益类。但是,这种分类方式并不能充分适用竞争中性原则。为了更好地实施竞争中性政策,可以综合考虑企业的功能、外部性特征等因素,将国有企业分为公益性国企、国家战略性国企、市场竞争性国企三类,并进一步明确不同类型国企的功能界定,实现经济效益、社会效益与安全效益的有机统一。其中,主业处于关系国家安全、国民经济命脉的重要行业和关键领域、主要承担重大专项任务的商业类国有企业,要以保障国家安全和国民经济运行为目标,重点发展前瞻性、战略性产业。

根据国家工业化发展阶段的不同,国有资本的布局应当不断进行调整。不同类型的国有企业在国家战略中定位不同,因此,深化国有企业改革的重要前提是对国有企业进行分类改革、分类治理。在此基础上,可以对不同类型的国企进行差异化授权,推动部分竞争性国企在更深层次上

---

① 参见何志鹏.国际法治论[M].北京大学出版社 2016 年 8 月版,第 301 页。

参与市场竞争。中央企业和地方国有企业在进行改组时也可以采取差异化实施策略,中央企业可以在集团总部的基础上改组为国有资本投资运营公司,地方国有企业由于具有数量多、规模小、产业分布广等特征,可以按业务类别和纵向联系由若干家国有企业共同组建成国有资本投资运营公司平台。通过公司制改制,可以通过委托若干投资运营公司持股的方式将国有资产存量由股权变成国家持有的资本,推动国有企业管理模式由国家直接管理转变成基于委托代理关系的市场化运作模式。

(二)推动竞争中性原则全面覆盖竞争性国有企业

当前亟须推动有条件的竞争性国企尽快适用竞争中性原则,并稳步推进竞争中性原则全面覆盖竞争性国有企业。通过政企分开、政资分开、所有权与经营权分离,促进竞争性国企和其他所有制企业依法平等使用生产要素、公平参与市场竞争,真正成为自主经营、自负盈亏、自担风险、自我约束、自我发展的独立市场主体,更好地遵循市场经济规律和企业发展规律,以应对市场化、现代化、国际化的新形势下出现的重大挑战。

(三)推动竞争中性原则调整适用于国家战略性国企

中国政府在推行国家层面的战略性发展目标时,仍需借助特定的产业政策。国企作为政府掌控的企业,能够通过发挥威权体制"集中力量办大事"的优势,以速度最快、成本最低的方法助力发展型政府实现战略构想。因此,国企在宏观调控、产业引导等方面具有民企难以替代的作用。反观之,完全适用竞争中性原则的竞争性国企由于需要更多地考虑经济利益,在贯彻国家意志方面与国家战略性国企相比明显缺乏比较优势。

在国际竞争格局中,国家战略具有重要意义,世界各国普遍存在对国家战略性产业进行支持和保护的先例。例如,从全球范围来看,飞机制造业属于典型的寡头竞争格局,波音公司、空中客车公司和麦道公司是全球三大飞机制造商。1996 年底,波音和麦道合并,两者合计占全球飞机市场65％以上的份额。虽然按照标准的反垄断法,二者的合并属于人为制造垄断。但是,考虑到美国公司和欧洲公司(空中客车)之间的竞争关系,二者合并极大地提高了美国公司在全球飞机市场的国际竞争力。从这一案例中可以看到,适用竞争中性原则应当根据不同发展阶段的国家战略定位进行不断地调整。对于在国内处于垄断地位的战略性国企,中国需进一步推动其做大做强,参与国际竞争。

三、国企改革——借鉴符合中国国情的竞争中性国际经验

近年来,中央和地方各级政府高度重视解决国有企业改革进程中出现的一系列重大问题,在借鉴符合中国国情的国际经验的基础上,相继出台了多项针对性的政策措施,为加快推行具有中国特色的竞争中性原则奠定了基础。

(一)要素获取中性

结合 OECD 论述的关于国有企业适用竞争中性的内涵,要素获取可以分别从补贴要素、税收要素、融资要素等几个方面来解释。

1.补贴中性

在国际贸易新规则下,对国有企业进行大幅度补贴的行为事实上导致了不公平竞争的现状。[①] 对此,2019 年 3 月,中国人民银行前行长周小川在博鳌亚洲论坛的年会上表示,中国政府不会为国有企业提供系统性补贴。

欧盟现有的国家援助制度在保证实现社会福利和公共利益的同时,又能规范国家补贴行为,维护公平竞争。基于此,中国在建立符合国情的

———————

① 美日欧三方于 2018 年 5 月 31 日发表联合声明。

补贴制度时可以参考借鉴欧盟国家援助制度的相关举措。

　　例如，欧盟关于竞争中性的规定的一个重要前提是承认国有企业存在的必要性。欧盟通过建立国有企业援助制度为主的竞争法律体系，只将公益类国有企业进行排除性规定。在对外签订国际协议时，欧盟保留国家对公共事业、文化产业进行扶持的权力，以兼顾国有公益性企业的实际运作。CPTPP协议下非商业性援助条款中强调了提高国有企业透明度与明确国有企业和公共机构的关系等重要内容，这些举措与中国国有企业补贴规则改革总体方向具有较高的一致性。

　　TPP/CPTPP以及USMCA中推出了具有较高标准的国有企业补贴条款。其中，TPP/CPTPP中规定了以"非商业援助制度"为名的新反补贴规则，旨在消除政府补贴国有企业所引发的负面外溢效应。其中，TPP最早创设的相关规则可视为WTO反补贴规则的全面升级版。而USMCA明确反对国有企业凭借国有性质即可轻易获得政府贷款和担保，其背后一个重要的历史原因在于，美国是由移民建立的无封建残余的国家，"小政府大市场"的理念和经济模式决定了美国"有限的公有化"和"持续的私有化"特征。

　　中国可在WTO现有规则框架内保留与国情相符的产业政策和国有企业扶持措施，但又极有必要加强各种补贴行为的透明化、规范化。当前亟须摒弃长期以来以隐性、无序的产业政策、区域经济政策刺激经济而忽视竞争规则的思维惯性，确立"竞争政策才是最好的产业政策"观念。国际经验表明，过度的产业政策和政府干预易产生腐败、利益固化等公共治理问题，因此，当前推行国有企业改革需充分借鉴欧盟经验，坚持竞争政策与产业政策并重的理念。

　　借助中国当前构建公平竞争审查制度的契机，推进公平竞争审查制度法律化。将与国有企业有关的政策措施纳入公平竞争审查范围，为构建政府补贴规范制度设定基本的规制框架。

通过单行法形式明确规定政府补贴的程序和规则,主要内容可包括透明度、补贴申报、对竞争的影响与评估等。通过对政府补贴行为进行自我预先评估和规范化,将各种产业政策措施、国有企业发展纳入公平竞争框架内,既有助于国有企业的竞争中性和身份独立性,又可确保相关措施符合 WTO 反补贴规则。

2.税收中性

目前,中国的税收和立法并未设立区分国有企业与民营企业的标准,但是却表现为税收秩序的不确定性。其背后的原因是多方面的,包括税收政策的不确定性、税法中溯及既往现象的存在、税法条款表述过于复杂、税法中的某些规则过于抽象和税法的一般避税规则同对应的具体反避税规则存在冲突,以及临时性条款的存在等等。税收不确定性问题为各类经济主体做经济决策增加了难度和风险,也提高了各类企业经营过程中的成本与不确定性,甚至可能会导致税收中性原则难以实现。这是因为,当不确定性达到一定程度后,极有可能使税收上升为经济决策的重要决定性因素,这无疑与税收中性原则背道而驰。

因此,应当提高税法的立法质量以减少税收的不确定性,对税法的实体性条款和程序性条款做出合理的结构安排,提升税收的确定性。通过取消对国有企业和民营企业在税收方面的区别待遇,在最大限度上保证国有企业与民营企业享有同等的税收环境。

3.融资中性

融资中性即政府对国有企业提供融资须保证融资条件与市场利率相一致。中国金融市场主要由国有商业银行主导(见表 6-1),所以银行贷款受到国家政策的影响,信贷分配未能完全按照市场竞争进行,大量信贷资源流向国有企业。

表 6-1　中国金融机构股权情况（截至 2019 年 2 月 20 日）

企业名称	排名	行业	实际控制人	控股股东 1	持股比例 1	控股股东 2	持股比例 2	其他股东 1	持股比例 1
工商银行	3	金融	—	中央汇金投资有限责任公司	34.71%	—	—	中华人民共和国财政部	34.60%
建设银行	4	金融	—	中央汇金投资有限责任公司	57.11%	—	—	香港中央结算（代理人）有限公司	36.79%
农业银行	7	金融	—	中央汇金投资有限责任公司	40.03%	中华人民共和国财政部	39.21%	香港中央结算（代理人）有限公司	9.41%
中国银行	8	金融	—	中央汇金投资有限责任公司	64.02%	—	—	香港中央结算（代理人）有限公司	27.83%
中国平安	9	金融	—	—	—	—	—	香港中央结算（代理人）有限公司	32.80%
招商银行	11	金融	—	—	—	—	—	香港中央结算（代理人）有限公司	18.03%

续表

企业名称	排名	行业	实际控制人	控股股东 1	持股比例 1	控股股东 2	持股比例 2	其他股东 1	持股比例 1
中国人寿	13	金融	中华人民共和国财政部	中国人寿保险（集团）公司	68.37%	—	—	香港中央结算（代理人）有限公司	25.90%
交通银行	15	金融	—	—	—	—	—	中华人民共和国财政部	26.53%
兴业银行	20	金融	—	—	—	—	—	福建省财政厅	18.78%
邮储银行	22	金融	—	中国邮政集团公司	68.92%	—	—	CSIC Investment One Limited	17.24%
浦发银行	23	金融	—	—	—	—	—	上海国际集团有限公司	21.57%
中银香港	25	金融	中央汇金投资有限责任公司	BOC Hong Kong (BVI) Limited	66.06%	—	—	—	—
中信银行	26	金融	中信集团	中国中信有限公司	65.37%	—	—	香港中央结算（代理人）有限公司	24.78%

续表

企业名称	排名	行业	实际控制人	控股股东1	持股比例1	控股股东2	持股比例2	其他股东1	持股比例1
中国太保	30	金融	—	—	—	—	—	香港中央结算（代理人）有限公司	30.60%
民生银行	33	金融	—	—	—	—	—	香港中央结算（代理人）有限公司	18.92%
中国人保	36	金融	—	中华人民共和国财政部	84.22%	—	—	—	10.17%
光大银行	46	金融	—	—	—	—	—	中国光大集团股份公司	25.43%
中信证券	47	金融	—	—	—	—	—	中国中信有限公司	16.50%
平安银行	54	金融	—	中国平安保险（集团）股份有限公司	49.56%	—	—	中国平安人寿保险股份有限公司	6.11%
中国财险	58	金融	—	中国人民保险集团股份有限公司	69.00%	—	—	BlackRock，Inc.	5.53%

续表

企业名称	排名	行业	实际控制人	控股股东1	持股比例1	控股股东2	持股比例2	其他股东1	持股比例1
华泰证券	71	金融	江苏省国有资产监督管理委员会	—	—	—	—	香港中央结算(代理人)有限公司	23.95%
国泰君安	72	金融	上海国际集团有限公司	上海国有资产经营有限公司	23.56%	—	—	香港中央结算(代理人)有限公司	13.74%
新华保险	74	金融	—	中央汇金投资有限责任公司	31.34%	—	—	—	—
上海银行	77	金融	—	—	—	—	—	上海联和投资有限公司	13.34%
中国人民保险集团	78	金融	—	中华人民共和国财政部	70.47%	—	—	American General Life Insurance Company	12.76%
北京银行	81	金融	—	—	—	—	—	ING BANK N.V.	13.03%
海通证券	91	金融	—	—	—	—	—	香港中央结算(代理人)有限公司	29.64%

续表

企业 名称	排名	行业	实际 控制人	控股 股东 1	持股 比例 1	控股 股东 2	持股 比例 2	其他 股东 1	持股 比例 1
中油资本	94	金融	中国石油 天然气集 团公司	中国石油天然气 集团公司	77.35%	—	—	—	—
广发证券	95	金融	—	—	—	—	—	香港中央结算 （代理人）有限 公司	22.31%
华夏银行	97	金融	—	—	—	—	—	首钢集团有限 公司	20.28%
申万宏源	98	金融	中央汇金 投资有限 责任公司	中国建银投资有 限责任公司	29.27%	—	—	中央汇金投资 有限责任公司	22.28%

注：上市公司排名来自东方财富 choice 数据，为截至 2018 年年底中国企业的总市值排名；

股东数据来自国泰君安富易客户端和同花顺财经（http://www.10jqka.com.cn/）。

(二)市场准入中性

只有厘清权力界限,划清政府与市场的权责范围,营造公平有序的竞争环境,才能充分发挥市场机制引导资源高效配置的作用。

党的十九大报告指出,凡是在中国境内注册的企业,都要一视同仁、平等对待。《中华人民共和国外商投资法》从法律层面强调了平等、公平的市场进入规则,有助于推动形成更加公平的准入环境、竞争环境和全面开放的格局。市场准入负面清单制度的实施大幅度降低了市场准入门槛,有助于推动市场准入中性原则的深入贯彻,进一步激发各类市场主体的积极性。国内自贸区层面也开展了一系列有益的尝试和探索,《中国(上海)自由贸易试验区条例》以及上海自贸区出台的若干有关反垄断审查和执法的规定均从不同层面体现了竞争中性的内涵。比如,《中国(上海)自由贸易试验区条例》第47条规定:"区内各类市场主体在监管、税收和政府采购等方面享有公平待遇。"这体现出监管中立、税收中立和政府采购中立的内涵。再如,第12条"暂停、取消或者放宽投资者资质要求、外资股比限制、经营范围限制等准入特别管理措施",第13条"实行外商投资准入前国民待遇加负面清单管理模式",第14条"推进企业注册登记制度便利化,依法实行注册资本认缴登记制"等,均体现了放宽市场准入、促进自由和公平竞争的内涵。但是,上述规定在竞争中立的制度构建方面仍然是不完整的,因此还需要进一步明确对所有市场主体公平、公正、一视同仁的审批条件和流程,减少自由裁量权,打破市场准入、审批许可、投资经营等方面各种形式的不合理限制和隐性壁垒,营造稳定、公平、透明的营商环境。

(三)经营运行中性

TPP/CPTPP等国际贸易规则中有关竞争中性的商业规则虽然超出

了 WTO 的非歧视内容,但因其符合市场经济的一般规律,因此易被普遍接受。事实上,欧盟并不反对国有企业的存在,但要求国有企业作为真正的市场主体按照非歧视原则和商业规则与非国有企业开展公平竞争,并接受竞争法的同等监管。这在很大程度上反映出目前以营利为目的的国有企业以"商业考量"行事已经逐渐在国际范围内形成共识。值得注意的是,TPP 中关于商业考量的因素与私营企业进行商业决策时考量的因素不完全相同,主要是指价格、质量、可供性、适销性、运输以及其他买卖条款及条件,而私营企业通常还要考虑其他因素。

中国目前出台的相关政策也贯彻了"商业考量"和竞争中性原则的要求。《中国加入工作组报告》第 46 段规定,中国已承诺遵守"中国政府将不直接或间接地影响国有企业或国家投资企业的商业决定"这一规定,因而中国须在对国有企业分类改革之际对商业类国有企业贯彻商业考量规则。具体落实路径可结合宏观营商环境的改善、国有企业的监管制度改革、资本化运营、职业经理人制度等举措进行,尤其要强调监管机构不再以任何方式干预商业类国有企业的经营活动。

中国国有企业有必要根据本国国情借鉴 OECD 指南塑造真正的商业主体身份。2015 年,OECD 更新的《指引》中强调,应平等对待所有股东和其他投资者,尤其是在国有股东与非国有股东的关系方面。第一,在国有独资或国家控股公司中,国家作为占据支配地位的大股东,有权在股东会议上直接进行决策并决定董事会的组成,无须取得其他股东同意。尽管这种决策权符合所有权原理的合法权利,但是国家作为占有支配地位的股东,也应避免滥用权利。权利滥用的途径包括:不当关联交易、偏袒性的业务决策,以及对资本结构做出有利于控股股东的变更等。第二,在国家占少数股份的公司中,保护少数股东权利的一个关键条件是确保高度的透明度。

以规范董事会建设为重点完善公司法人治理结构。现代企业制度改革以来,国有企业按照《公司法》等相关法律法规要求进行了公司制、股份制改造,形成了"三会一层"的公司法人治理结构,实现了所有权、决策权、经营权、监督权相互分离、相互制衡的公司法人内部治理结构。但国有企业法人治理结构并不完善,突出表现在董事会运作机制上。首先,国有独资、绝对控股及相对控股的国有企业,国有股"一股独大"带来企业内部股权结构失衡以及利益分配导向的问题,董事会成员结构也往往朝着有利于国有股的方向配置。因此,如何设置相互制衡、相互监督的董事会结构成为亟待破解的难题。一个可行的办法是适度增加非国有股股东利益代表在董事会成员中的比例,提高非国有股东的话语权和参与度。其次,明确董事会在公司治理结构中的权责边界,准确、合理界定董事会与经理层权责,将董事会职能限定在战略决策、经理人选拔、财务监督、薪酬分配、绩效考核等方面,减少董事会对经理层正常经营管理活动的过度干扰。最后,优化董事会成员结构,在外部董事占相对多数和一定比例职工董事参加的前提下,董事会成员不仅要真正代表利益相关者的利益诉求,还应该履行董事会决策。这要求董事会成员除了拥有管理经验、财务知识等通用必备业务素质外,还应该依据企业所处行业技术领域,吸收一定比例的技术专家,从整体上提高董事会决策的中立性、独立性、科学性。当然,构建公开、透明的董事会成员产生机制也至关重要。

中国适用竞争中性原则应当采取的相关举措包括:要求上市及非上市的国有企业完善公司治理结构,强化信息披露;区分国有出资者与管理者角色,通过立法明确国家所有权的目标和国有出资者的权利义务;以独立的董事会和职业经理人负责国有企业的经营决策和管理;尝试国有股东放松管制,不对经营管理层派驻代表,仅保留经济收益权。

(四)政府采购和招标中性

OECD《指引》中指出:"如果国有企业参加公共采购,无论是作为招标方还是竞标方,都应当遵循一套具有竞争性、非歧视性且适度透明的招投标流程。"中国《政府采购法》中也规定了政府采购和招标过程中应当遵循非歧视性原则。政府应在采购过程中,通过健全信息披露制度,确保国有企业财务、运营状况及股权分布等信息公开透明化。在招标过程中,应通过公平的招标程序平等对待各类所有制主体,确保交易结果符合优化资源配置的目标。

(五)其他方面

2015 年 OECD《指引》指导各国政府适当行使国家所有权职能,一方面避免消极行使所有权,另一方面避免过度进行国家干预。《指引》纳入从 2005 年第一版到 2015 年修订版的实施经验,并解决国内和国际层面国有企业出现的新问题。《指引》对各国国有企业和民营企业之间维持公平竞争环境的建议,则旨在为活跃于国内外市场的国有企业提供指引。这一《指引》对中国适用竞争中性原则,推进国有企业改革具有重要借鉴作用。

2018 年 12 月 24 日,李克强总理主持召开国务院常务会议时明确表示:"按照竞争中性原则,在招投标、用地等方面,对各类所有制企业和大中小企业一视同仁。"这反映出竞争中性原则将更广泛地适用于政府招标、用地等环节中,有利于进一步改善营商环境,改善民营企业的市场进入条件。

结合 2015 年 OECD《指引》,中国可从国有企业分类管理,制定并完善竞争中性法规政策,以及调整国有企业内部治理结构三个层次实施竞争中性原则。

1.国企分类管理

国有企业改革大前提是运用法律形式对国有企业进行分类。"分类"的意义就在于,将国有资本配置组织载体与产业领域的选择结合起来考虑,带来对改革内容的深化。对标国际贸易规则的发展,根据国有企业从事业务的性质进行"大分类",即所谓商业类、公益类。两者在适用竞争中性原则上有很大差别。

如前所述,中共中央、国务院发布了《关于深化国有企业改革的指导意见》(以下简称《指导意见》),明确了对国有企业实行"分类"改革,打开深化改革的新空间。但是,中国 2018 年修订的《公司法》第 64 条至第 70 条仅按照国有资本的比例进行了分类规定①,即国有独资、两个以上的国有企业或者两个以上的其他国有投资主体投资设立的有限责任公司②等。

国际上一般对于不适用竞争中性的"公益类"国有企业进行单独立法或法律确认。例如,美国有针对联邦政府公司的《1945 年政府公司控制法案》③,加拿大则在《财务管理法》中专门设立《皇家公司》一章,德国则在《联邦预算法典》中明确公共企业的基础性、框架性的规范,俄罗斯有《非商业组织法》和《国家与自治地方单一制企业法》,此类法律规定从企业业务范围、权责义务等角度对公益类企业进行了较为明确的定义。中国与国际贸易新规则对国有企业的界定见表 6-2。

---

①　《公司法》第 64 条 国有独资公司的概念;第 65 条 国有独资公司的章程;第 66 条 国有独资公司股东权的行使;第 67 条 国有独资公司的董事会;第 68 条 国有独资公司的经理;第 69 条 国有独资公司高层人员的兼职禁止;第 70 条 国有独资公司的监事会。

②　《公司法》第 44 条 董事会的组成规定。

③　美国《1945 年政府公司控制法案》(Government Corporation Control Act of 1945)。其中法案列出了 28 家纳入管理的公司清单,联邦政府公司是国会为执行公共目标而成立的联邦政府机构,其主要任务是提供市场化导向的产品或服务,并实现自身收支平衡。《1945 年政府公司控制法案》对联邦政府公司的预算、审计、债务管理、吸储业务等进行了规定。由于提供商品和服务能给其带来收入,联邦政府公司不受行政管理部门的预算规定约束,但该法案要求政府全资拥有的公司向总统提交"商业性预算",总统评估修改后,提交国会批准并监督。美国行政管理部门不负责对联邦政府公司进行监督,参众两院也没有统一的委员会负责监督所有联邦政府公司,各公司由其所属领域的专门委员会负责监督。

表 6-2   中国与国际贸易新规则对"国有企业"的界定

时间	协议或法律法规	对"国有企业"的界定
2015 年 1 月 7 日 公开	跨大西洋贸易与投资伙伴协议（TTIP）欧盟提案	"国有企业"是指参与下达类型商业活动的企业：在该商业活动中，中央或地方一级的机构凭借对企业直接或间接的所有权行使或可能行使对财务参与的决定性权力，从而影响企业运作的规则或实践，或通过其他任何方式对企业活动产生决定性影响。缔约方直接或间接地产生决定性影响的认定如下：持有企业的大部分资本；或持有企业发行的股份所附的大部分投票权；或可委任超过半数的企业行政、管理或监督人员①
2016 年 2 月 4 日 签署	跨太平洋伙伴关系协议（TPP）第 17 章：国有企业和指定垄断	国有企业指主要从事商业活动并且其中一缔约方符合：直接拥有 50％以上的股权资本；或通过所有者权益控制 50％以上投票权的行使；或拥有任命大多数董事会或其他同等管理机构成员的权利②

① "State enterprise" means any enterprise involved in a commercial activity over which a Party at central or sub-central level exercises or has the possibility of exercising decisive influence directly or indirectly by virtue of its ownership of it，its financial participation therein，by the rules or practices on the functioning of the enterprise，or by any other means relevant to establish such decisive influence. Decisive influence on the part of a Party shall be presumed when it，directly or indirectly：(i) holds the majority of the enterprise's capital；or (ii) holds the majority of the votes attached to the shares issued by the enterprise；or (iii) can appoint more than half of the members of the enterprise's administrative，managerial or supervisory body.

②   State-owned enterprise means an enterprise that is principally engaged in commercial activities in which a Party：(a) directly owns more than 50 per cent of the share capital；(b) controls，through ownership interests，the exercise of more than 50 percent of the voting rights；or(c) holds the power to appoint a majority of members of the board of directors or any other equivalent management body.

续表

时间	协议或法律法规	对"国有企业"的界定
2015 年 10 月 6 日	国际服务贸易协议（TiSA）中的国有企业附件	国有企业的定义为：中央政府级别的法人，国家直接拥有超过 50％的股权；或通过所有者权益控制，可行使超过 50％的投票权；或拥有委任多数董事会或同等管理机构的权力；和主要从事商业活动，这些活动被定义为以谋取利润为目的而开展的活动，最终生产由国有企业来决定出售给消费者某种商品或提供某种服务的数量和价格①
2018 年 11 月 30 日	《美墨加协议》（USMCA）第 22 章：国有企业和指定垄断	国有企业是指以商业活动为主的企业，符合以下条件：直接或者间接持股比例在 50％以上的；或通过直接或间接所有者权益控制 50％以上投票权的行使；或通过任何其他所有权权益，包括间接所有权或少数所有权，对企业拥有控制权；或有权任命董事会或任何其他同等管理机构的多数成员②
2015 年	OECD《指引》	就《指引》而言，依照国内法律属于企业且国家对其行使所有权的任何公司实体，都应视为国有企业，包括股份公司、有限责任公司和股份合伙有限公司（partnerships limited by shares）。此外，通过特定立法获得法人资格的法定企业（statutory corporations），如果运营目标和业务或者一部分业务在很大程度上属于经济性质，也应被视为国有企业

① State-owned enterprise means a juridical person that is principally engaged in commercial activities and in which the central government of a Party：(a) directly owns more than 50 percent of the share capital；(b) controls，through ownership interests，the exercise of more than 50 percent of the voting rights；or(c) holds the power to appoint a majority of members of the board of directors or any other equivalent management body.

② State-owned enterprise means an enterprise that is principally engaged in commercial activities，and in which a Party：(a) directly or indirectly 7 owns more than 50 percent of the share capital；(b) controls，through direct or indirect ownership interests，the exercise of more than 50 percent of the voting rights；(c) holds the power to control the enterprise through any other ownership interest，including indirect or minority ownership；8 or(d) holds the power to appoint a majority of members of the board of directors or any other equivalent management body.

续表

时间	协议或法律法规	对"国有企业"的界定
2018 年 10 月 26 日	中国《公司法》	第 64 条 国有独资公司的概念：国有独资公司，是指国家单独出资、由国务院或者地方人民政府授权本级人民政府国有资产监督管理机构履行出资人职责的有限责任公司。
2019 年 3 月 2 日	《企业国有资产监督管理暂行条例》	第 2 条　国有及国有控股企业、国有参股企业中的国有资产的监督管理，适用本条例。 第 3 条　本条例所称企业国有资产，是指国家对企业各种形式的投资和投资所形成的权益，以及依法认定为国家所有的其他权益。 第 4 条　企业国有资产属于国家所有。国家实行由国务院和地方人民政府分别代表国家履行出资人职责，享有所有者权益，权利、义务和责任相统一，管资产和管人、管事相结合的国有资产管理体制。

OECD《指引》提出应通过法律条文的形式对公益性国有企业的权责义务进行明确规定。这是因为，国企通常在开展一般商业活动的同时还肩负额外的以服务社会公共利益为目的的权责义务，因此享有政府不同程度的补贴。由于这类补贴本质上是针对国企的公益性活动的成本补偿，因此社会公众有权对这类补贴享有知情权、参与权和监督权。因此，《指引》进一步指出，这些权责义务应以法律条文的形式明确向公众披露，并获取合理的成本补偿。

2015 年 12 月 7 日，国资委、财政部、发展改革委联合发布的《关于国有企业功能界定与分类的指导意见》指出，以往依靠政府意志和目标对各类国企提供政策扶持的做法存在诸多弊端，因此下一步对于国企需要进行分类改革，参照相关标准制定"负面清单"，对公益性和商业性国企采取差异化的政策措施。明确界定国有经济应当进行控制的行业，并对行业生产、流通各个环节进行详细的规定，进一步划清权力和市场的界限。

2.透明度规则——增加国有企业信息披露义务

国有企业设立提升透明度和信息披露机制,对成本结构加以监管,保障公共服务职能不会成为对商业性活动加以补贴的渠道。

通过采取分账制度区分国有企业经营业务的商业性质和公益性质,确保对于公益性质的活动的补贴被控制在合理范围内。同时,采用定期抽查、信息披露等方式强化对分类账户的监督,避免出现隐形补贴、交叉补贴等违规行为,尽可能保证政府对国有企业的公益性活动所提供的补贴与其成本相一致。

国际经贸新规则及他国国内法中关于国有企业透明度及信息披露机制的规定,见表 6-3。

表 6-3　国际经贸新规则(他国国内法)中关于国有企业

透明度及信息披露机制的规定

规则名称	规则内容
2015 年 OECD 《指引》	第二章:国家作为出资人的角色 　国家应当作为一个积极的知情出资人,确保国有企业治理具有高度专业性与有效性,并以透明和问责的方式予以实施。 　5.制定国有企业信息披露政策,规定应当公开披露的信息范围、适当的披露渠道以及确保信息质量的机制; 　第六章:信息披露和透明度 　国有企业应当高度透明,并在会计、披露、合规和审计等方面保持与上市公司同等的高标准和严要求。 　A. 国有企业应当按照国际公认的高质量披露标准,报告公司的重大财务和非财务信息,以及国家(作为出资人)和公众高度关注的事项,尤其是以公共利益名义从事的活动。披露时应充分考虑企业实力和规模,应予披露的事项包括: 　1.向公众明确说明企业的目标和完成情况(对国有独资企业而言,包括国家所有权实体赋予的受托责任); 　2.企业的财务成果和经营成果,包括与公共政策目标相关的成本和资金安排;

续表

规则名称	规则内容
2015 年 OECD 《指引》	3.企业的治理结构、所有权结构和投票权结构,包括公司治理准则或政策的内容,以及实施流程; 4.董事会成员和核心高管的薪酬; 5.董事会成员的任职资格和选举流程,包括董事会构成多元化政策,董事在其他公司董事会任职情况,以及是否被本企业董事会认定为具备独立性; 6.任何可预见的重大风险因素,以及采取的风险管控措施; 7.任何财务援助,包括国家担保以及国家代表国有企业作出的承诺(包含公私合营项目中的合同承诺和债务); B.国有企业的年度财务报表应当由独立外部审计机构按照高质量标准进行编制。专门的国家监察程序并不能替代独立的外部审计。 C.所有权实体应当针对国有企业建立一套统一的报告体系,并于每年公布国有企业总体情况报告。良好实践表明,通过互联网发布报告有利于公众更为便捷地获取信息
TPP/ CPTPP/ USMCA	第 17.10 条:透明度 1.每一缔约方,在本协定对该缔约方生效后 6 个月内,应向其他缔约方提供,或在其官方网站上公开所有企业名单;此后每年应更新这一名单。 2.每一缔约方应立即通知其他缔约方,或在其官方网站公布,对指定垄断企业的指定或现有垄断企业范围的扩大,以及指定条款。 3.经另一缔约方书面请求,该书面请求含有对实体活动如何可能影响缔约方之间的贸易或投资的解释,被请求的缔约方应立即向其提供下述有关国有企业或政府垄断企业的信息: (a)该缔约方、其国有企业或指定垄断企业集体在该实体中拥有的股本比例,以及集体拥有的投票权比例; (b)该缔约方、其国有企业或指定垄断企业持有的特殊股票或特殊投票权或其他权利的说明,并说明这些权利与该实体的普通股票所享有权利如何不同;(c)担任实体官员或董事会成员的政府官员的政府职务; (d)有信息以来最近 3 年中该实体的年收入和总资产; (e)该实体依本国法律从中受益的豁免或例外;以及(f)书面请求范围内的、可公开获得的有关该实体的其他额外信息,包括年度财务报告和第三方审计报告。

续表

规则名称	规则内容
TPP/ CPTPP/ USMCA	4.经另一缔约方书面请求,书面请求中含有对政策或计划如何影响或可能影响缔约方之间的投资或贸易的解释,被请求的缔约方应立即以书面形式,就其采取或者维持的、提供非商业性支持的任何政策或者计划,提供相关信息。 　　5.当缔约方根据第4款做出答复时,其提供的信息必须足够具体,能够使提出请求的缔约方理解政策或计划的实施,并能评估该政策或计划对缔约方之间贸易和投资的影响或潜在影响。对请求做出答复的缔约方,应保证其答复中包含以下信息: 　　(a)根据该政策或计划提供的非商业性支持的形式,例如拨款或贷款; 　　(b)提供该非商业性支持的政府机构、国有企业或政府企业的名单,以及已经获得或者有资格获得该非商业性支持的国有企业名单; 　　(c)提供非商业性支持的政策或计划的法律依据或目标; 　　(d)就货物来说,非商业性支持的每一单位数额;如无法提供时,非商业性支持预算总额或年度额,如果可能,标明前一年度中每一单位的平均数额; 　　(e)就服务来说,非商业性支持的预算总额或年度额,如果可能,标明前一年度的总额; 　　(f)对于以贷款或贷款担保的方式提供非商业性支持的政策或计划,贷款数额或者贷款担保金额、利率,以及收费; 　　(g)对于以提供货物或服务的形式提供非商业性支持的政策或计划,如果收取费用,所收取的费用; 　　(h)对于以股本形式提供非商业性支持的政策或计划、投资额、所获股票数量和类型,以及对相关投资决定进行的评估; 　　(i)该政策或计划的持续时间,或其他任何附加的时间限制;以及 　　(j)能够对该非商业性支持对缔约方之间贸易或投资所产生影响进行评估的统计数据。 　　6.若被请求的缔约方认为其没有采取或维持第4款所指的政策或计划,亦应将此书面通知请求方。 　　7.如果书面答复中没有回应第5款中的任何相关问题,答复方应当在该书面答复中予以解释。

规则名称	规则内容
TPP/ CPTPP/ USMCA	8.缔约方承认,根据第 5 款和第 7 款提供信息,不判作为第 4 款请求对象的援助的法律地位,也不预判该援助在本协定下产生的影响。 　　9.当缔约方根据本条对提出的请求提供书面信息,并通知提出请求的缔约方此信息应予保密,若有提供信息的缔约方的事前同意,提出请求的缔约方不应披露此信息
美国相关规定	20 世纪初期,美国信息披露制度建设全面展开。 　　1911 年,堪萨斯州制定《蓝天法》(Blue Sky Law),要求证券发行人向公众披露相关信息,以保护投资者免遭欺诈。 　　随后各州纷纷效仿并各自制定《蓝天法》,截至 1933 年,制定《蓝天法》的州达到 46 个。然而,各州所制定的《蓝天法》并未能有效阻止证券市场欺诈、操作等行为。 　　1929 年,美国股市崩盘直接催生了美国《1933 证券法》(the Securities Act of 1933)和《1934 证券交易法》(the Securities Exchange Act of 1934)的出台。《1933 证券法》又被称为《证券真实法》(Truth in Securities Law),针对证券发行市场,对证券发行过程中的信息披露进行了详细、具体的规定;而证券交易市场的信息披露制度则由《1934 证券交易法》确立。此后,美国国会又通过了一系列证券市场信息披露制度。 　　从法律体系角度,美国联邦政府公司强制信息披露法律体系较为完整,不仅有适用于绝大多数联邦政府公司的《政府公司控制法》,而且还有针对各个联邦政府公司的特点制定的具体信息披露的法律法规

　　完善信息披露制度建设,提高国有企业信息披露水平和质量。关于企业信息披露情况,要具体问题具体分析。对于已经实现整体上市的国有企业,以及子公司、控股子公司上市的国有企业,按照所在地的有关法律法规的强制性要求披露信息,而包括中国在内的世界主要国家及地区,上市公司信息披露的法律制度体系较为完整。因此,这类国有企业的信息披露较为完整、真实、及时,信息披露水平、质量较高。对于非上市国有企业,由于强制性信息披露法律体系建设不尽完善,在无法律强制性要求

下，缺乏主动向社会公开有关信息的内在激励机制，即便进行披露，也是一种选择性披露，大多数情况下，不会将企业的会计数据、财务指标等重要财务信息公之于众。要提高国有企业信息披露程度，使公众加入对国有企业监督的队伍中来，首要任务便是逐步完善国有企业信息披露的法律法规建设，对国有企业信息披露提出明确、具体的法律要求，迫使企业向社会真实、完整、及时地披露有关信息。党的十八大以来，随着企业改革的深入推进，国有企业信息披露制度建设也在不断加强。《中共中央、国务院关于深化国有企业改革的指导意见》要求实施信息公开以加强社会监督，明确指出"完善国有资产和国有企业信息公开制度，设立统一的信息公开网络平台，依法依规、及时准确披露国有资本整体运营和监管国有企业公司治理以及管理架构、经营情况、财务状况、关联交易、企业负责人薪酬等信息，建设阳光国企。认真处理人民群众关于国有资产流失等问题的来信、来访和检举，及时回应社会关切。充分发挥媒体舆论监督作用，有效保障社会公众对企业国有资产运营的知情权和监督权"。在深化国有企业改革制度顶层设计下，非上市国有企业信息披露由定向报告制度向社会公开信息披露制度迈进。

政府需进一步做好顶层制度设计，不断修订和补充相关法律法规，在新一轮深化国企改革的进程中，对政府和市场各自的权责范围和功能定位进行更加明确的划分。充分发挥市场引导资源高效配置的功能，激励竞争性国企提高核心竞争力，提高经济运行效率。

3.监管中性

竞争中性原则要求国有经济主体与私营企业面临相同的监管环境，取消对国有企业和私营企业在监管方面的区别待遇。

目前，中国应当借助公平审查制度的建立，进一步推进对竞争中性原则适用的审查。国务院于2016年6月公布《国务院关于在市场体系建设中建立公平竞争审查制度的意见》指出，要通过法律法规的形式建立统一的审查制度,确保对各类市场主体在市场准入资格、招标投标、经营行为规范等的审查按照合理标准进行,确保各类市场主体的合法权益受到法律保护,平等参与市场竞争。2017 年 10 月 23 日国家五部委联合发文《公平竞争审查制度实施细则(暂行)》(发改价监〔2017〕1849 号)在审查机制和程序、审查标准、例外规定、社会监督和责任追究方面进行详细说明。公平竞争审查制度与竞争中性原则的内涵具有较高的一致性,本质上是以制度的形式规范政府过度赋予部分市场主体特殊竞争优势的行为,因此可以理解为竞争中性原则在审查制度上的一种反映。

根据国家市场监管总局的最新报告,2018 年公平竞争审查制度在全国逐步实施,全面推广。截至 2018 年底,国务院各部门、所有省级政府、98% 市级政府、85% 县级政府已部署落实。市县落实比例与 2017 年底相比分别提高了 5 个百分点和 36 个百分点。各地相关部门通过清理含有地方保护、指定交易、市场壁垒内容的文件,预防和纠正了一系列排除、限制竞争的问题,促进了统一开放、竞争有序的市场体系建设。

四、竞争中性原则的实施手段

结合国际社会的治理经验,完善的法律制度是维护公平市场环境的基石,"法治社会"的提出也确立了中国将通过完善法律制度来保障社会经济发展,营造稳定可预期的营商环境。

(一)需要用高层级法律确认竞争中性原则的适用

目前,中国规定不同所有制企业公平待遇原则的法律为《宪法》第 7条:"国有经济,即社会主义全民所有制经济,是国民经济中的主导力量。国家保障国有经济的巩固和发展。"第 11 条:"在法律规定范围内的个体经济、私营经济等非公有制经济,是社会主义市场经济的重要组成部分。国家保护个体经济、私营经济等非公有制经济的合法权利和利益。国家鼓励、支持和引导非公有制经济的发展,并对非公有制经济依法实行监督和管理。"第 16 条:"国有企业在法律规定的范围内有权自主经营。"

如果适用竞争中性原则需要在法律顶层设计上予以确认,尤其是目前《宪法》第 16 条规定的"法律规定范围内"有权自主经营的具体范围界定。只有在法律位阶上,从上至下贯穿式地适用竞争中性原则,才能保持市场经营环境有序而公平。在国企改革层面上,清理各种不公平的法律法规、内部规定等,能有效减少政府对国有企业的干预,推动国有企业更好地去行政化,完善混合所有制发展,为国有企业的改革发展提供更广阔的空间,从而为构建公平竞争的市场环境奠定基础。

经济学界对于政府和市场的关系问题有广泛深入的讨论,但是无论哪一种理论流派,都认同政府宏观调控的必要性。这是因为,市场经济虽然能够高效引导资源配置,但是,同时具有盲目性、滞后性等诸多弊端,如果不加以调控,极易产生市场失灵,引发经济秩序混乱。但是,政府宏观调控与市场机制在诸多层面存在冲突,主要表现在三方面:一是政府"事前"对市场活动的过度审批,会产生对市场活力的抑制和政府权力的寻租。二是政府"事中"直接投入资源会导致不公平竞争。三是政府"事后"对企业的过度保护会造成资源的浪费。这些冲突使得政府和市场的关系更加复杂,政府要么存在干预过多的问题,要么存在监管不到位的问题。"看不见的手"和"看得见的手"究竟应该遵循怎样的规则进行合理搭配?目前没有完美的制度解决这一问题。针对这一矛盾性问题,需要强化法治思维和法制建设,确保政府宏观调控和市场机制运行在法律的规范下进行,构建合理有序的市场秩序。在允许市场在资源配置中起决定作用的同时,还要更好地发挥政府宏观调控的作用。尤其我国作为社会主义国家,经济的发展更应强调社会公平的目标,因此更加需要强调政府的作用。当前阶段,运用法治思维更好地发挥政府作用主要是指通过简政放权,规范政府的权力范围,确保政府在法律范围内行使权力,减少过度干预。

(二)调整相关法律法规,从立法层面保障竞争中性

竞争中性原则需要通过修改法律和新的立法促进市场公平竞争和公平交易,一是对《反垄断法》进行修改,二是对《公司法》进行修改。

1.修改《反垄断法》

《反垄断法》在市场经济国家地位极其重要,能够推动各类市场主体平等进入市场,改变垄断的市场结构。然而,我国《反垄断法》在改变国有企业垄断的市场格局的问题上一直收效甚微。一个重要的原因是《反垄断法》对于适用国有企业居于主导地位的特殊行业具体有哪些以及如何适用的问题论述不够明确,使其法律效力在具体实施过程中大打折扣。

具体来看,《反垄断法》第 7 条规定:"国有经济占控制地位的关系国民经济命脉和国家安全的行业以及依法实行专营专卖的行业,国家对其经营者的合法经营活动予以保护。"《宪法》第 7 条规定,要保障国有经济的发展。这样,《反垄断法》在多数情况下就可能被用于维护国有企业的垄断地位。

《反垄断法》对行政垄断的规制效果不理想,主要有三点原因:

首先,行为主体的局限性。政府制度安排往往受到诸多因素的干扰,因此目前仍存在一些法律规定对企业的市场进入资格、定价权等进行过度干预。

其次,行为认定标准模糊。行政垄断的构成要件之一是"滥用行政权力"。但是,"滥用行政权力"是主观(动机)标准,"排除、限制竞争"是客观(效果)标准,执法机构几乎无法确认行政主体在实施行政垄断时是否属

于主观故意。

最后，执法机构权限和法律责任单薄。《反垄断法》第 51 条规定，执法机构仅有"向有关上级机关提出依法处理的建议"的权力。但是事实上，有权规制违法行为的"上级机关"与实施违法行为的行政机构存在清晰的隶属关系，很难保证在执法过程中保持中立立场。更重要的是，第 51 条内容仅规定"责令改正"这种纠错方式，这种过轻的纠错方式并不属于法律责任的形式，几乎难以有效制约行政机关的行政垄断行为。

《反垄断法》的执法机关、垄断标准和认定、与行业法及行业主管部门之间关系的协调，是下功夫的重点。此外，对因为自然垄断或其他原因允许垄断或者实行严格准入限制经营行业的国有企业，要重点研究防止这些企业搞不合理的垄断延伸。还可以考虑通过新的立法强化对国有大企业及其他大企业可能的市场不公平交易的法律规制，如出台"防止大企业延迟付款法"，强化对中国大企业经常对中小企业延迟付款的不公平交易行为的规范。此外，对不利于国有企业公平竞争的一些法律规定，也应按公平竞争原则修改。

从国际经验来看，各国反垄断法的适用范围在不断扩大，不适用反垄断法规制的情形越来越局限于行业中某种特殊情形。如德国 1980 年《反限制竞争法》规定，邮政、供水、供电等公用事业一般情况下可不适用于该法。而到 1998 年，该法仅允许交通企业之间为了建立相互联系的交通网络而进行合作；再如日本 1947 年颁布的《禁止私人垄断及确保公正交易法》规定，电力事业、煤气事业及其他性质上为自然垄断事业的经营者所实施的其事业所固有的生产、销售或者供应的行为可不适用于该法。在 1997 年的修订中，取消了原先第 21 条中对铁路、电力、煤气以及其他性质上属于自然垄断行业这一排除性规定。

借鉴国际经验，建议进一步明确反垄断法与行业法合理结合的规则，明确非经法定程序，即使国有企业也不能以"适用例外"原则为由不受反垄断法规范。借鉴美国对政府行为合理豁免的规定，一是可以将合理豁免的事项列入国家或当地培育特定市场、维护社会公共利益的政策纲要。二是对豁免之后产生的限制竞争行为进行积极监督，以保证合理豁免产生的实际效果。

此外，还需要进一步对行政垄断的行为认定进行扩充，使包括抽象性行政行为在内的所有不当排除、限制竞争行为都纳入"行政垄断"范畴，并且行政垄断的具体认定应当采用客观效果标准，即判定行为是否产生了排除、限制竞争的实际效果，而不论其主观动机。此外，还应当强化执法机构的权力，明确法律责任，这需要修改第 51 条内容，或是在保留行政上级机关查处其下级机关滥用行政权力限制竞争行为权力的同时，增加有关立案、调查、裁决及违法后果等一系列问题的程序性规定，或是将违法机关的上级机关规制行政垄断的权力移交反垄断执法机关，并对行政垄断苛以更严格的法律责任，从而建立可有效遏制行政垄断的法律环境，为保证执法的统一性，亦需要设立相关专职机关进行管理。

在投诉监督层面设立竞争中性政策投诉和监督机制。中国目前缺少与竞争中性政策直接相关的投诉与监督机制，建议由被《反垄断法》赋予制定竞争政策权力的反垄断委员会行使投诉监督权。以《反不正当竞争法》为核心的竞争政策没有平等地适用于国企，特别是央企。针对一些典型的非竞争中性案例进行及时宣判，民营企业能赢得此类诉讼案件将会提升民企信心，相对的国企的不公平竞争行为就会有所收敛。

2.修改《公司法》

我国的《公司法》总体看是私法，但由于有几条关于国有独资公司的条款因而也有些公法成分。我国《公司法》于 1993 年出台，截至 2018 年 10 月 26 日先后做了四次修订，对我国企业的发展和改革贡献巨大，但是仍存在一些需要解决的问题。《公司法》中的一个突出问题是给公司股东会的决定权范围过大。现行《公司法》第 37 条第 1 款和第 5 款分别规定股东会有权决定"经营方针和投资计划""审议批准预算、决算方案"。规定的不合理之处在于：第一，这个规定使公司董事会的经营决策权受到重大限制。因为规定公司的"经营方针和投资计划""预决算"的决定权在公司股东会。第二，违背"公司自治"原则。有些公司的投资人要求公司的重大经营决策权由公司投资人或者母公司掌握，根据成立公司时的投资协议及章程，只要不侵犯善意第三方的利益，通过公司章程及其他治理文件是可以明确公司的上述决定权在股东会的。这种公司股东会掌握重大经营决策权的方式，依据不是法定规定，而是投资人的投资协议及章程，是基于"公司自治"原则以合理治理结构为基础的规定。实践表明，让公司及其股东自主决定上述决定权的安排，能适应公司股东，尤其是大股东对投资的不同企业给予不同授权的治理及管理要求。第三，使有关法律规则复杂化、提高法律成本。这个规定不仅是针对国有公司的，也是针对所有公司的，但由于后述原因对国家出资人机构的职权界定及国有企业的企业制度规则都影响重大。事实上，即使《公司法》，甚至公司章程没有规定上述事项决定权在股东会，但对董事会有控制权的大股东仍能通过其委派的董事，通过董事及董事会发挥对公司有关决定的影响力，产生最终控制力。对国有企业而言，这个规定，加上《企业国有资产法》规定国家出资人机构根据《公司法》规则对国有公司进行股权管理，就使《公司法》第37条规定成了国家出资人机构以股东身份对国有企业进行干预或"过度"干预的法律原因依据，即《公司法》规定与《企业国有资产法》的嵌套关系，使其负面作用被进一步放大。

对国有独资公司《公司法》第66条规定由国资管理机构行使股东会的职权；对国有控股公司，国家出资人实际上可以控制股东会，股东会决定实质上就是国家出资人决定。因此仅根据《公司法》国资监管机构或国家出资人就有了一般应由公司董事会决定的事项的决定权。

中国《公司法》为什么赋予股东会上述决定权？笔者以为这是多种因

素所致：首先是计划经济体制的影响，此外还与中国在 21 世纪初必须要解决当时国有企业存在的"所有权虚化""内部人控制"等问题的历史背景有关。

如何解决这些问题？办法一：让国家出资人机构对国有企业董事会授权。《企业国有资产法》已有相应含义不太清楚的授权的说法，但是法律没有明确国家出资人机构或谁有权及根据什么条件就何事项或问题能决定授权。办法二：修改《公司法》的不合理的规定。这能从根本上解决问题，亦符合公司自治原则，与通行的国际规则接轨。在现阶段，未修改《公司法》以前，可以先用上述办法解决存在的问题，在明确国家所有权政策后，对大多数国有企业的董事会给予与国际水平接轨的更充分的授权。

（三）完善维护竞争中性的执法体系

加强行政法系列的建设及完善。行政法系列主要规范政府行为。行政法可分为三部分：行政组织法，行政行为法，行政法制监督、救济和责任法。在我国行政机关组织法方面，已有了国务院组织法，还有一个地方各级人大和政府的统一组织法。但没有具体的各级政府组织法，没有国务院各部门的组织法。现在是以"三定方案"或"三定办法"代替政府组织法。由此带来多重监管和互相推诿并存问题，严重影响行政效率和问责。我国行政组织立法任务繁重。目前应该将属于行为法部分的行政程序法作为改进重点。作为市场竞争裁判者的政府的行为应受到严格的规范。公正、有序的市场竞争首先要求作为裁判者的政府和政府工作人员公正、廉洁。政府和政府工作人员的公正、廉洁需要一系列的行政程序制度规范及保障，如信息公开制度，回避制度，不单方接触制度，职能分离制度，告知和听取申辩制度，听证制度，以及申诉、控告、复议和诉讼等事后监督、救济制度。没有行政程序法，就不可能有公正公平的市场竞争。行政监督、救济和责任应重点关注其执行和落实的程度。加强对行政规则,行政行为的公众监督力度以及落实对违法行为的惩处。没有监督、救济和责任的落实,所有的立法都只是空中楼阁,不能产生作用。行政法体系的完善不仅有利于改进政府和企业及国民的关系,让政府更好地为企业和国民服务,而且能避免或者减少国家出资人给国有企业带来特殊优势,或给国有企业增加不当负担的问题。

五、国际规则话语权

(一)依靠"一带一路"倡议主动开展双边或多边谈判

中国可以通过倡导回归多边体系以防止区域主义的滥用。实践证明,只有多边主义才能给全世界带来公平的利益。特别是对于拥有较小实力的国家而言,多边主义意味着更多的话语权和更多的权利。如果全球经济规则受区域主义裹挟,公平这一国际经贸治理体系最重要的价值追求将会丧失。这一结果对于全球经济的可持续和包容性发展都是有害的。因此,当前需切实履行大国义务,积极推动多边体系改革议程,以应对日益加强的"逆全球化"趋势对国际秩序的冲击。

例如,积极倡议启动针对 TPP 和 TTIP 等协议的多哈谈判、WTO 多边谈判,根据中国自身立场,倡导在贸易规则中适用竞争中性原则,并就具体措施与成员国展开深入探讨。在多边贸易谈判和新的国际贸易规则的制定中,既要主动支持规范政府垄断和私人垄断的行为,又要明确反对将"竞争中立"的概念扩大化的立场。

在竞争问题的原则性协议条款上,中国与智利、新西兰、新加坡等国的自贸协定中均对竞争问题进行了相关表述:(1)缔约方原则性地认识到,反竞争行为会损害协议所产生的效益。(2)缔约方适用各自竞争法,

不干预各自竞争执法机构的执法独立性。(3)缔约方竞争执法机构应就
与竞争章节相关的事宜开展合作和协商。(4)竞争章节项下的任何争议
应通过缔约方之间协商解决。(5)竞争章节适用于缔约方的所有经营者。
《中澳自贸协定》指出,竞争合作的方式"可通过双方竞争机构之间新的或
现有的合作机制进行提升",并"在不影响双方竞争机构独立性的前提下,
双方同意在本条项下根据各自法律、法规和程序,利用其合理可用的资源
开展合作"。此外,《中韩自贸协定》还对包括竞争政策的目标、竞争法和
竞争机构、执法原则等多个方面的内容进行了详细的论述。

　　相比于上述几个协定,《中韩自贸协定》在以下方面取得了突破:(1)
明确了竞争执法时应遵循"透明、非歧视和程序正义原则"。(2)强调了
"透明度"的重要性,包括公开有关竞争政策的法律法规、公开决定和命
令、以书面形式作出最终行政决定并提供事实和法律依据。(3)细化了合
作的具体形式,包括通报、磋商、信息交换、技术合作等方式。但是,以上
规定尚不完善,比如缺乏针对国有企业的竞争中性条款。虽然 2020 年 11
月 15 日中、日、韩等国家签订的《区域全面经济伙伴关系协定》(RCEP)试
图对 CPTPP 和 TTIP 进行延伸和补充,但是由于参与 RCEP 谈判的成员
多为发展中国家,相比较竞争条款,RECP 成员关注的重点更多的是直接
削减贸易和投资壁垒的条款。更重要的是,签订 RCEP 的成员中目前只
有少数几个国家拥有竞争法。因此,通过 RCEP 形成竞争中性原则和政
策的多边协议十分困难。但是,《东盟—澳大利亚—新西兰自由贸易协
定》中明确规定签约国有权自主"开发、设定、管理和执行自己的竞争法律
和政策",这类规定为 RCEP 竞争规则的建立奠定基础。

　　一方面,"一带一路"倡议中,中国国有企业是积极参与沿线基础设施
建设等项目的主力,中国与沿线国家签订或更新自由贸易区协议时就应
主动就竞争中性原则的内涵及判断标准达成共识;在与欧美西方国家谈
判贸易或投资协议时,要加入对中国国有企业的身份认定标准、市场准入

以及非歧视待遇等内容。另一方面,鉴于当前竞争中性原则具有软法硬法化的特点,中国要积极参与 OECD 关于竞争中性的研究工作和指南制定。

(二)提倡在尊重国有经济存在基础上构建竞争中性原则

OECD 研究报告曾明确指出,竞争中性工具应坚持"所有制中性"。[①]这一观点并不能作为中国适用竞争中性原则的基础。习近平总书记不同场合多次提出"和而不同、平等相待、合作共赢";2019 年我国《政府工作报告》中指出"对各类所有制企业平等对待",是以存在"各类所有制企业"为前提的,即具有不同所有制性质为前提的竞争中性。在建立中国模式的竞争中性原则时,应坚持"和而不同",而并非"所有制中性"。中国在推动竞争中性国际规则构建时,应始终确保国际贸易和投资具有公开、非歧视和公平竞技性,竞争中性原则不能仅因政府出资而歧视国有企业,而应该超越意识形态之争回归到问题本身,即如何实现公平竞争。确保国有企业、民营企业与外资企业不受歧视地对待,平等地参与国际经济竞争。

六、本章小结

国际竞争中性原则的实施存在多种模式和路径,这就为中国根据自身实际情况提出一套更完善的"竞争中性"方案提供了很大的空间。以2015 年 9 月中共中央、国务院印发的《关于深化国有企业改革的指导意见》(以下简称《意见》)为最新代表,中国国企改革在国家的政策及法规推动下取得了不可否认的成就。但在最为关键的政府与国企关系,政府对

---

① 见 Shima, Y. The Policy Landscape for International Investment by Government-controlled Investors: A Fact Finding Survey[R]. OECD Publishing, 2015, P.18.

国企的利税、金融及财务安排，以及政府对国企的监管等问题上，相比澳大利亚《联邦竞争中性政策声明》和《经合组织国有企业治理指引》，则缺乏专业性和技术性强且具有公信力的规则治理体系。

中国可以在国有企业制度改革方面，借鉴欧盟的国家援助制度构建中国补贴规范制度；在国有企业改革方面，通过法律法规明确国有企业的市场运营机制，参照 CPTPP 等国际贸易新规则中的"商业考量"，确保参与经济活动的国有企业根据商业考量规则进行市场运营；其他国有企业治理结构借鉴 OECD 发布的相关指南。

将竞争中性原则作为国家和各部门涉及国企改革政策和职责的纲领，对竞争中性原则的实施进行顶层设计，树立中国国有企业的竞争理念，从政策上保障中国国有企业短期利益和长远利益的平衡，完善中国市场经济主体结构和市场运作机制，从而真正实现社会主义市场经济的良性发展。但是，需要强调的是中国竞争中性原则的构建应当是建立在承认国有企业存在的基础上。

适用竞争中性原则，一方面，中国应当对现有相关的法律法规和行政文件进行系统梳理和审查，按照竞争中性的标准进行修正或者废除，推动国有企业与民营企业处于平等地位。另一方面，在新的立法过程中，增加竞争中性审查程序，推进新法律法规出台。因此，在投诉监督层面，设立竞争中性投诉和监督机制；在组织结构层面，明确各部门的地位和职责，避免非中性监管现象的出现；在监管实施层面，落实监管中性措施，营造国企和民企相同的监管环境，要求国有企业平等承担相应的义务；在企业运营层面，保障企业自主运营，赋予国有企业按照市场化要求实行商业化运作的权利，营造有利于国有企业和民营企业平等竞争的环境。

第七章

中国竞争中性原则的实施效果分析

一、实施竞争中性原则对中国国有企业竞争力的影响

（一）政府补贴

政府补贴是政府根据特定时期有关政治、经济的方针和政策，按照特定目的，由财政安排专项资金向微观经济活动主体（企业或个人）提供的一种无偿的转移支付。政府补贴行为无疑会对国有企业的市场竞争力产生一定的影响，竞争中性原则将会通过约束政府针对国有企业的补贴行为而影响到企业的市场竞争力。本部分主要是实证分析政府补贴对企业竞争力的影响。

1.数据来源

数据来源于 Wind 数据库，我们以 2000—2019 年的沪深两地上市公司为主要研究样本，包括了信息技术、公用事业、医疗保健、可选消费、工业、房地产、日常消费、材料、电信服务、能源行业，剔除了金融行业。

2.实证模型设计

计量模型如方程 1：

$$\text{roa}_{it} = \alpha + \beta_1 \text{subsidies}_{it} + \beta_2 \text{debtratio}_{it} + \beta_3 \text{cf}_{it} + \beta_4 \text{lnasset}_{it} + v_{it}$$

$$(1)$$

其中被解释变量是资产收益率和股权收益率（roa、roe）；核心解释变量是政府补贴占企业总资产的比例（subsidies），政府补贴包括：财政拨款、

财政贴息、税收返还、其他收益。对于资产规模不同的公司,相同金额的
政府补贴会产生完全不同的效果。因此,我们采用政府补贴与总资产的
比率变量以消除公司规模的影响。控制变量包括企业总资产规模(lnas-
set)、资产负债率(debtrtaio)、经营净现金流/资产规模×100(cf)。

对于面板模型来说,还有一个重要的选择就是确定是用固定效应方
法还是随机效应方法。区分这两个模型关键在于无法观测的个体效应是
否和模型中可观测的解释变量相关,如果不相关,那么就选用随机效应,
否则用固定效应模型就更为合适。

3.描述性统计

从政府提供财政补贴的目的来看,地方政府对本地企业提供财政补
贴具有明显的倾向性,获得补贴的企业主要包括能够吸收下岗、失业人
员,创造大量就业岗位的企业,附加值较高的高科技企业以及具有正外部
性的企业如农业、公用事业企业等。

地方政府为争夺资源与利益,往往积极干预经济,而政府补贴作为干
预的主要手段,也受到学界的关注。近年来,中国政府补贴规模逐年增
加,超过50％的上市公司获得不同程度的补贴。孔东民等(2013)研究发
现无论是行业还是地区层面,国企均获得更高补贴[①]。然而,中国市场经
济不完善、法制不健全和补贴过程的不透明,也引发了诸多相关问题。对
于因缺乏竞争、管理落后而亏损的企业,即使获得政府补贴,也很可能是
对公共资源的浪费。表 7-1 显示了 2000—2019 年 A 股上市公司获得的
政府补贴的行业分布情况,从中可以看出,政府对信息服务业补贴的总额
和补贴比例都处于较高的水平,而对电信、房地产的补贴比例处于较低的
水平,这种比较结果可能与上述三个行业的资产规模及杠杆率都处于较
高水平有关。

---

① 孔东民,刘莎莎,王亚男.市场竞争、产权与政府补贴[J].经济研究,2013.48(02):
第 55—67 页。

表 7-1　A 股上市公司获得政府补贴规模的行业分布

行业	补贴公司（家）	总补贴（百万元）	补贴/资产（％）
信息技术	683	406 977.4	0.609
公用事业	110	209 642.5	0.242
医疗保健	332	106 765.4	0.306
可选消费	609	398 496.3	0.339
工业	1 022	684 225.2	0.215
房地产	128	481 76.46	0.045
必选消费	210	104 418.8	0.338
材料	589	355 596.3	0.256
电信服务	5	4 588.434	0.031
能源	78	319 040.2	0.249

表 7-2 描述了国有企业与其他类型企业获得补贴程度的行业分布。具体到国有企业和其他类型企业获得的政府补贴比例，通过方差分析发现，国有企业与其他类型企业获得的补贴比例存在显著差异，如表 7-3 所示。

表 7-2　企业产权性质与补贴比例的行业分布

行业	补贴/资产（％）	
	国有企业	其他类型企业
信息技术	0.655	0.587
公用事业	0.237	0.308
医疗保健	0.226	0.348
可选消费	0.368	0.314
工业	0.18	0.373
房地产	0.038	0.051
必选消费	0.311	0.362
材料	0.232	0.307
电信服务	0.029	0.093
能源	0.25	0.219

表 7-3　企业获得补贴比例与企业产权性质关系的方差分析

来源	SS	df	MS	F	Prob>F
组间	511.25	1	511.25	117.27	0.000
组内	766 582.55	175 837	4.36		
总和	767 093.8	175 838	4.37		

4.实证结果分析

表 7-4 列示政府补贴对企业盈利能力影响的 OLS 回归结果。政府补贴的回归系数显著为正,说明增加政府补贴将会提高国有企业和非国有企业的盈利能力,而竞争中性原则的采用会限制政府对国有企业的补贴,将会降低国有企业的盈利能力。资产负债率的系数显著为负,即资产负债率提高将导致企业盈利能力下降。现金流的系数显著为正,即企业现金流越好企业的盈利能力越强。企业规模对国有企业和其他类型企业盈利能力的影响则呈现出相反的现象,对于国有企业,资产规模越大则资产收益率越低,而权益收益率越高,这反映了国有企业偏爱使用较高的财务杠杆,通过规模的扩张实现竞争能力的提高。

表 7-4　政府补贴对企业盈利能力影响 OLS 回归结果

变量	国有企业		其他类型企业	
	(1) roa	(2) roe	(3) roa	(4) roe
lnasset	-0.0928^{*}	2.537^{***}	0.130	0.679^{*}
	(-2.33)	(21.68)	(1.74)	(2.36)
subsidies	0.346^{***}	0.539^{***}	0.272^{***}	0.162
	(10.82)	(6.13)	(6.50)	(0.41)
debtratio	-0.0137^{***}	-0.288^{***}	-0.0116^{***}	-0.237^{***}
	(-26.95)	(-33.80)	(-92.61)	(-13.83)

续表

变量	国有企业		其他类型企业	
	(1)	(2)	(3)	(4)
	roa	roe	roa	roe
cf	0.0943***	0.168***	0.0229***	0.898***
	(18.62)	(11.59)	(6.56)	(21.83)
_cons	3.707***	−3.894***	3.206***	8.140***
	(10.95)	(−4.16)	(5.63)	(3.81)
N	65 669	64 998	101 369	99 892

注:括号内为 t 值。*表示 $p<0.05$，**表示 $p<0.01$，***表示 $p<0.001$。

表 7-5 是使用固定效应模型对方程(1)进行回归的结果,政府补贴的系数与 OLS 回归结果一致,表明计量模型稳健,政府补贴会提高国有企业的盈利能力,使企业获得经济租金。

表 7-5　政府补贴对企业盈利能力影响固定效应模型回归结果

变量	国有企业		其他类型企业	
	(1)	(2)	(3)	(4)
	roa	roe	roa	roe
lnasset	−0.203***	2.506***	0.0711	−0.558
	(−4.50)	(16.84)	(0.93)	(−1.51)
subsidies	0.351***	0.560***	0.264***	0.0369
	(11.02)	(6.40)	(6.33)	(0.09)
debtratio	−0.0189***	−0.355***	−0.0116***	−0.303***
	(−35.34)	(−33.62)	(−92.10)	(−13.07)
cf	0.0870***	0.165***	0.0215***	0.887***
	(16.93)	(11.02)	(6.17)	(19.68)
_cons	4.972***	−0.235	3.750***	20.42***
	(12.92)	(−0.19)	(6.42)	(7.06)
N	65 669	64 998	101 369	99 892

注:括号内为 t 值,*为 $p<0.05$，**为 $p<0.01$，***为 $p<0.001$。

　　政府补贴具有信号属性,是能够给企业带来外部资源的政府资源。企业获得政府补贴的多少,一方面向外界传递出政府对企业所处行业前景的认可程度的信号,另一方面也传递出企业与政府关系亲疏的信号。政府补贴通过直接影响企业获得的经济租金,进而获得不公平的竞争优势,在短期有助于企业提高盈利能力,这将导致被补贴企业可能以获得企业补贴为目标,扰乱市场的竞争机制,弱化创新动力,最终向市场提供缺乏竞争力的产品,削弱企业长期竞争力。国有企业采用竞争中性原则将会减少企业能够获得的政府补贴资源,进而降低国有企业获取的经济租金,迫使企业进行产品与管理创新,提高企业的竞争力。

(二)市场准入限制

　　2017年2月,国务院发布《关于扩大对外开放积极利用外资若干措施的通知》,放宽服务业、制造业、采矿业等领域外资准入限制。但部分制造业、电力、热力、燃气及水生产和供应业等行业实施禁止外资参股的准入限制。然而这些关系民生社会的行业往往是需要大量资金进行初始投资的资本密集型行业。外资禁令限制了这些行业的筹资渠道,迫使这些行业的资金来源极度依赖境内资本。有限的长期资本投入额让公司运营决策倾向短期化,回避高风险且没有短期回报的研发投入或运营目标。从企业外部环境看,外资准入也限制了市场中的竞争对手数量和种类,抑制了竞争对手的水平,从而减弱了竞争激烈程度。低竞争压力的市场环境让国有企业更没有实施机制改革以提升竞争力的动力;有限的资本来源也限制了该行业中民营公司的规模,抑制了公司的扩张发展能力和扩张速度,削弱了公司抵御风险的能力。

　　实施竞争中性原则将会降低外资准入门槛,而外资参股带来的不仅仅是资金,往往还有先进的专业技术和管理模式。伴随着示范效应和人员流动,外资参股企业会造成技术溢出现象,不仅仅提高了被投资企业的产品质量,也提升了行业整体的技术水平。从行业纵深角度考虑,通过供应链对上下游产业前向和后向的溢出效应,也提升了供应商和客户的技术水平。外商参股企业进入国内市场,丰富了国内企业的所有制形式,从而提升资源配置效率,有效促进行业的优胜劣汰,实现行业内的龙头集聚效应。我们认为,增加外资参股不仅有助于提升行业产品质量,充分竞争也能促进技术纵向与横向溢出,真正达到提升行业整体竞争力的目的。

(三)政府隐性担保

本部分主要研究政府隐性担保下通过融资成本效应对国有企业竞争力的影响。

1. 数据来源

数据来源于 Wind 数据库,以 2005—2019 年的沪深两地上市公司新发行债券为主要研究样本,并剔除了金融行业发行的债券。

2. 实证模型

计量模型如方程 2 和方程 3 所示:

$$\text{roa}_i = \alpha + \beta_1 \text{ownership}_i + \beta_2 \text{premium}_i + + \beta_3 \text{debtratio}_i + \beta_4 \text{cf}_i + \beta_5 \text{lnasset}_i + e_i \tag{2}$$

$$\text{premium}_i = \alpha + \beta_1 \text{ownership}_i + \beta_2 \text{debtratio}_i + \beta_3 \text{cf}_i + \beta_4 \text{lnasset}_i + \beta_5 \text{duration}_i + e_i \tag{3}$$

本部分使用两步法检验国有企业的产权属性如何通过融资成本影响到国有企业的盈利能力,具体而言,首先通过方程(2)检验企业产权属性(ownership)、风险溢价水平(premium)对企业盈利能力(roa)的影响,然后检验企业产权属性(ownership)对风险溢价水平(premium)的影响。如果方程(2)中融资成本对企业盈利能力的影响显著,且方程(3)中企业产权属性对融资成本的影响显著,则表明企业产权属性通过融资成本影响到了国有企业的盈利能力。

其中被解释变量是企业盈利能力,代理变量是资产收益率和股权收益率(roa、roe);核心解释变量是企业新增债券的风险溢价水平(premium),其计算方法为:风险溢价水平＝债券实际发行利率－同期国债利率,风险溢价水平体现了政府对债券发行主体的隐性担保程度,风险溢价越低,则政府的隐性担保效应越强。解释变量企业所有权性质(ownership)是虚拟变量,1表示国有企业,0表示其他所有权性质的企业;控制变量包括取对数的资产规模(lnasset)、资产负债率(debtratio)、经营现金流(cf)、债券期限(duration),其中经营现金流计算方式为经营活动产生的现金流量净额/总资产规模。

3.描述性统计

在我国的金融体制下,决定银行信贷资源配置的关键性因素中包含一些非市场因素,如所有权性质等。转型经济中政企关系的重要性。企业的政治背景和产权性质造成了银行的差异化信贷投放现象。当银行业信贷审批机制不完全市场化时,政治关系成为国有企业优先获取银行信贷资金的"敲门砖",从而带来国有企业预算软约束现象。

国有银行不仅倾向于向国企发放贷款,且国企陷入财务困境后也相对容易得到政府的救助。2018年9月发表的《欧盟企业在中国建议书(2018—2019)》[①]中指出:在银行向非金融机构提供的贷款中,流向私营企业的比例从2013年的57%下降到2015年的19%,而在同一时期流向国有企业的比例却几乎翻了一倍,从35%上升至69%。同时,国有企业获得了政府的隐性担保,使得国有企业的融资成本更低。表7-6的方差分析结果表明,企业债券融资成本在国有企业和其他类型企业之间存在显著差异。

---

① 欧盟商会.欧盟企业在中国建议书(2018—2019)[R].2018年9月。

表 7-6   企业债券融资成本与企业产权性质关系的方差分析

来源	SS	df	MS	F	Prob＞F
组间	56.60	1	56.60	27.07	0.000
组内	19 277.32	9 221	2.09	—	—
总和	19 333.91	9 222	2.09	—	—

由于地方融资平台与国有企业公司的控股股东或实际控制人以地方国资委等政府部门为主,在获取银行贷款、业务订单、融资渠道等方面具有一定的优势,市场普遍认为政府为上述企业提供了隐性担保,从而可降低其债券发行成本。从图 7-1 中可以看出,在各个评级的债券风险溢价数据中,国有企业的风险溢价都低于同级别的其他类型企业,即国有企业获得了来自政府的隐性担保,使其融资成本更低,政府隐性担保是影响中国资本市场债券价格的重要因素[①]。图 7-2 则反映了一般企业债、一般公司债和私募债券的风险溢价分布情况,其中一般公司债的平均融资成本最低。

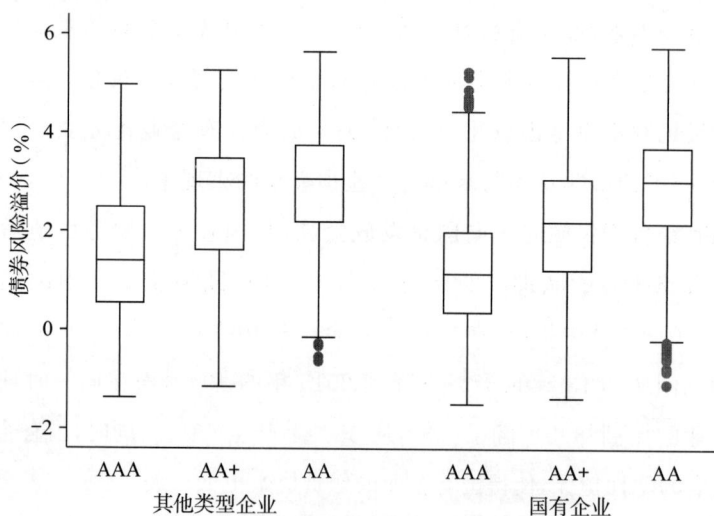

图 7-1   债券风险溢价与企业所有权性质

---

① 王博森,吕元稹,叶永新.政府隐性担保风险定价:基于中国债券交易市场的探讨[J].经济研究,2016.51(10):第 155－167 页.

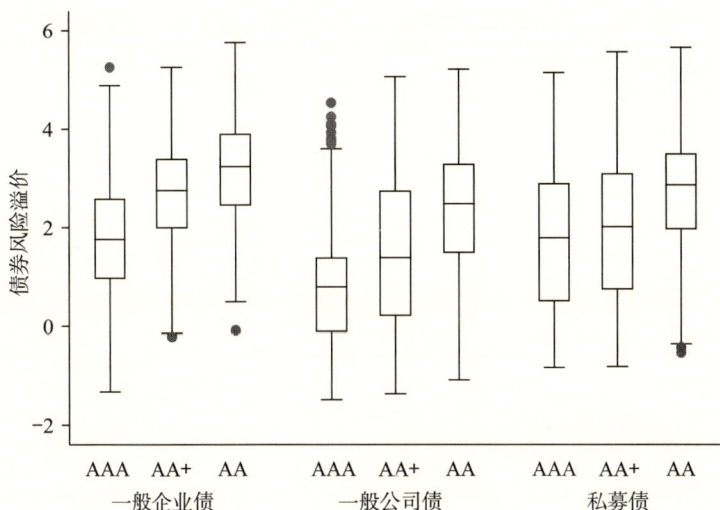

图 7-2　债券风险溢价与债券类型

中国民营企业债券信用等级普遍低于具有政府背景的相同资质的地方国有企业债和中央国有企业债。考虑到目前民营企业债券少有评级达到 AA－及以下水平,同时中央企业债券评级较少低于 AA－及以下,我们最终选择信用水平为 AA、AA＋、AAA 的债券作为研究对象。如表 7-7 所示,2005—2018 年选取的公司债、企业债、私募债发行样本量共计 9 728 个,其中债券评级为 AAA 的样本分别为 3 389 只,AA＋样本为 27 775 只,AA 样本为 3 564 只,可见市场中发债主体以 AA 级为主。

表 7-7　2005—2018 新增债券评级分布情况

年份	AAA	AA+	AA
2005	8	—	—
2006	33	—	—
2007	20	—	—
2008	6	—	—

续表

年份	AAA	AA+	AA
2009	1	—	—
2010	12	10	4
2011	22	7	14
2012	42	26	20
2013	54	59	111
2014	83	156	450
2015	123	221	414
2016	429	581	827
2017	473	391	580
2018	888	425	422
2019	1 195	899	722

4. 实证结果分析

表 7-8 是方程 2 的回归结果。回归结果显示,产权属性(ownership)系数显著为负,国有企业的产权属性降低了企业的盈利能力。债券风险溢价(premium)水平系数显著为负,风险溢价水平降低了企业的盈利能力(roa、roe)。对不同评级的债券,风险溢价水平对企业盈利能力的影响差异较大,其中风险溢价水平对 AAA 级别债券的影响程度最大。表 7-9 是针对国有企业的样本进行回归的结果。结果显示,债券风险溢价水平越高,则企业的盈利能力越低,其中风险溢价水平对 AAA 评级的债券的影响力度最大。

表 7-8　风险溢价对企业盈利能力的影响(全样本)

变量	AAA	AA+	AA	AAA	AA+	AA
	(1)	(2)	(3)	(4)	(5)	(6)
	roa	roa	roa	roe	roe	roe
ownership	−2.095***	−2.596***	−2.554***	−7.966***	−8.267***	−5.010***
	(−16.57)	(−30.36)	(−17.98)	(−16.38)	(−31.05)	(−4.65)
premium	−0.250***	−0.166***	−0.136***	−0.687***	−0.277***	−0.596*
	(−7.38)	(−8.16)	(−3.68)	(−5.28)	(−4.38)	(−2.13)
dtratio	−0.046***	−0.0198***	−0.0555***	−0.0193	0.0377***	−0.200***
	(−13.70)	(−9.27)	(−16.95)	(−1.49)	(5.62)	(−8.06)
cf	0.0917***	0.0361***	−0.00318	0.0775**	0.0900***	0.317***
	(12.83)	(8.97)	(−0.55)	(2.82)	(7.18)	(7.29)
lnasset	−0.0239	−0.384***	−0.128*	0.441***	−0.530***	2.096***
	(−0.70)	(−11.80)	(−1.97)	(3.35)	(−5.19)	(4.25)
_cons	7.566***	14.66***	10.22***	3.184	22.49***	−28.63*
	(9.42)	(18.93)	(6.76)	(1.03)	(9.28)	(−2.49)
N	3 112	2 667	3 403	3 112	2 666	3 403

注:括号中为 t 值,*表示 $p<0.05$,**表示 $p<0.01$,***表示 $p<0.001$。

表 7-9　风险溢价对企业盈利能力的影响(国有企业)

变量	AAA	AA+	AA	AAA	AA+	AA
	(1)	(2)	(3)	(4)	(5)	(6)
	roa	roa	roa	roe	roe	roe
premium	−0.243***	−0.0963***	−0.0322	−0.952***	−0.223***	−0.213
	(−7.71)	(−5.32)	(−1.69)	(−8.36)	(−4.14)	(−0.75)
dtratio	−0.0314***	−0.0154***	−0.0183***	0.0114	0.0302***	−0.0855***
	(−10.16)	(−8.60)	(−10.78)	(1.02)	(5.64)	(−3.38)

续表

变量	AAA	AA+	AA	AAA	AA+	AA
	(1)	(2)	(3)	(4)	(5)	(6)
	roa	roa	roa	roe	roe	roe
cf	0.102***	0.0288***	−0.00115	0.171***	0.0844***	0.364***
	(15.41)	(8.52)	(−0.39)	(7.14)	(8.37)	(8.38)
lnasset	−0.173***	−0.323***	−0.457***	−0.454***	−0.636***	0.289
	(−5.42)	(−11.50)	(−13.18)	(−3.93)	(−7.56)	(0.56)
_cons	8.315***	10.18***	13.18***	16.19***	17.08***	2.032
	(11.02)	(15.51)	(16.38)	(5.94)	(8.69)	(0.17)
N	2 754	2 294	3 016	2 754	2 293	3 016

注:括号内为 t 值,* 表示 $p<0.05$,** 表示 $p<0.01$,*** 表示 $p<0.001$。

　　表 7-10 是方程(3)的回归结果,检验企业所有权性质对债券风险溢价的影响。结果显示,企业产权属性(ownership)的系数显著为负,即国有企业的产权属性降低了债券的风险溢价水平,使得国有企业的融资成本更低。结合方程(3)中的回归结果,可以得知,国有企业获得了来自政府的隐性担保,并因此获得了更低的债券风险溢价水平,进而提高了国有企业的盈利能力。竞争中性原则要求理清政府与企业之间的关系,减少政府对企业经营的干预,实行市场竞争中性制度,国有企业无法获得来自政府的担保,则其债券融资成本将会上升,迫使国有企业更加重视投资项目的风险情况。另外,与其他类型企业相比,国有企业失去了成本优势后将会更加重视自身的成本管理问题,否则将会在市场中失去竞争力。从上述两个方面来看,竞争中性原则下,政府隐性担保和其他如银行贷款与授信等针对国有企业的金融资源也会减少,将会间接地提高国有企业的竞争力。

表 7-10 企业所有权性质对债券风险溢价的影响

变量	AAA	AA+	AA
	(1)	(2)	(3)
	premium	premium	premium
ownership	-0.357^{***}	-0.897^{***}	-0.314^{***}
	(-5.34)	(-11.07)	(-4.71)
dtratio	0.00601^{***}	-0.00928^{***}	-0.00893^{***}
	(3.36)	(-4.52)	(-5.78)
cf	-0.0434^{***}	-0.0176^{***}	-0.000806
	(-11.75)	(-4.61)	(-0.30)
lnasset	-0.317^{***}	-0.122^{***}	-0.0241
	(-18.54)	(-3.89)	(-0.81)
duration	0.0452^{***}	0.0981^{***}	0.106^{***}
	(5.48)	(5.85)	(7.56)
_cons	9.069^{***}	5.840^{***}	3.579^{***}
	(22.92)	(7.65)	(5.09)
N	3 112	2 668	3 403

注:括号内为 t 值,* 表示 $p<0.05$,** 表示 $p<0.01$,*** 表示 $p<0.001$。

(四)政府采购

本部分主要检验来自政府的订单份额对国有企业竞争力的影响。

1. 数据来源

本部分研究数据来源于世界银行 2005 年"中国投资环境调查"(简称 ICS05)。ICS05 收集了中国大陆 30 个省份、120 个地级市、12 400 家制造企业的信息,报告了企业近三年产能利用情况,并提供了"企业拥有政府订单比例"等微观的政府采购信息,这为我们从企业层面考察政府采购对企业生产率的影响提供了数据来源。统计显示,ICS05 中获取政府采购的企业占比为 15.42%,企业平均的政府采购份额为 2.32%,说明政府采购是中国制造业企业相对重要的产品销售渠道。另外,ICS05 数据还报告了企业获取国有企业订单的比例,考虑到国有企业购买兼具部分政府采购职能,后续将国有企业订单或将国企和政府两类订单加总,作为政府采购的替代指标。

2. 实证模型

具体计量模型如方程(4):

$$prodctivtiy_i = \alpha + \beta_1 sale_i + \beta_2 profit_i + \beta_3 employment_i + \beta_4 feasir_i + \beta_5 fcost_i + e_i \tag{4}$$

其中被解释变量企业竞争力的代理变量是企业的劳动生产率(productivity),采用人均工业增加值来度量[①];主要解释变量是企业获得政府订单份额(sale),具体计算方法为:政府采购额/总销售额×100(saletogov),其他国有企业采购额/总销售额×100(saletosoe),由于中国政府对国有企业有较强的控制力,国有企业的采购订单很大程度上反映了政府的意志,因此可以作为政府采购的代理变量。控制变量包括利润额(profit);雇员数量(employment);融资难易程度(feasier),企业获得贷款难易程度的评价,数值 1~5 表示越来越容易;融资成本(fcost);企业产权形式(ownership)是虚拟变量,1 表示国有企业,0 表示非国有企业。

3. 描述性统计

在福建、广东、上海、江苏等市场化程度较高的东部省份,享有政府采购的企业占比和企业采购份额都较低,而在新疆、青海、云南等市场化程度略低的西部省区,享有政府采购的企业占比和企业获取的政府采购份额都更高;就行业来看,在家具制造、非金属矿物制品等制造行业,企业享

---

① 王永进,匡霞,邵文波. 信息化、企业柔性与产能利用率[J]. 世界经济,2017,40(01):67-90.

有的政府采购占比和采购份额均较高,在废弃资源及废旧材料回收加工、化学纤维制造、烟草等行业,企业享有的政府采购倾向和采购份额较低。

表 7-11 是描述性统计,可以看出国有企业的生产率平均要低于其他类型的企业,而国有企业获得的来自政府的采购订单和来自其他国有企业的采购订单的比例都要高于其他类型的企业,即国有企业可能获得了不公平的竞争优势,背离了"竞争中性"的原则。

表 7-11　描述性统计结果

样本	变量	均值	标准差	25 分位	75 分位	最大值
全部	企业生产率	148.9684	117.2625	83.47367	166.6749	978.2655
	政府总体采购比例	27.78832	34.7819	0	50	100
	政府采购比例	1.51876	5.864405	0	0	60
	国有企业采购比例	25.45872	33.45381	0	45	100
	利润	13 885.53	43 313.7	18	7 637	449 204
	雇员人数	704.1514	1183.459	97	735	9557
	融资难易程度	3.06379	1.307369	2	4	6
	融资成本	2.112177	1.110078	1	3	5
国有企业	企业生产率	147.6923	114.4832	78.01231	179.7807	962.9075
	政府总体采购比例	49.07255	38.68893	10	90	100
	政府采购比例	2.538879	8.489314	0	0	60
	国有企业采购比例	42.67317	37.75214	3	80	100
	利润	11 859.42	47 263.36	−589	5130	449 204
	雇员人数	1 195.199	1 563.725	220	1 387.5	9 437
	融资难易程度	2.724599	1.377758	2	4	6
	融资成本	2.300357	1.15513	1	3	5

样本	变量	均值	标准差	25 分位	75 分位	最大值
其他类型	企业生产率	149.0921	117.5328	83.89568	165.4051	978.2655
	政府总体采购比例	25.67066	33.64207	0	45	100
	政府采购比例	1.421355	5.539937	0	0	60
	国有企业采购比例	23.74598	32.50244	0	40	100
	利润	1 4081.96	42 908.68	29	7 931	444 980
	雇员人数	656.0712	1 128.086	90	662	9 557
	融资难易程度	3.097535	1.295373	2	4	6
	融资成本	2.093456	1.103796	1	3	5

国企在政府采购和政府背景的项目中往往占据特殊优势，有时国企获得了更多的商业机会，有时国企又可能出于"政治动机"而以不惜亏损的心态去参与竞争。通过表7-12和表7-13的方差分析结果可以看出，政府采购比例在不同产权企业之间存在显著差异。

表 7-12   政府采购比例与企业产权性质的方差分析

来源	SS	df	MS	F	Prob>F
组间	1 219.81	1	1 219.81	35.57	0.000
组内	420 932.80	12 274	34.30		
合计	422 152.60	12 275	34.39		

表 7-13   来自国有企业采购比例与企业产权性质的方差分析

来源	SS	df	MS	F	Prob>F
组间	365 571.44	1	365 571.44	335.46	0.000
组内	13 509 740.7	12 397	1 089.76	—	
合计	1 387 531.10	12 398	1 119.16	—	

从图 7-3 可以看出，来自国有企业采购比例在不同产权企业之间存在显著差异，相比较其他类型企业，国有企业来自其他国有企业订单采购比例较高，国有企业在市场竞争中通过政府采购获得了竞争优势。

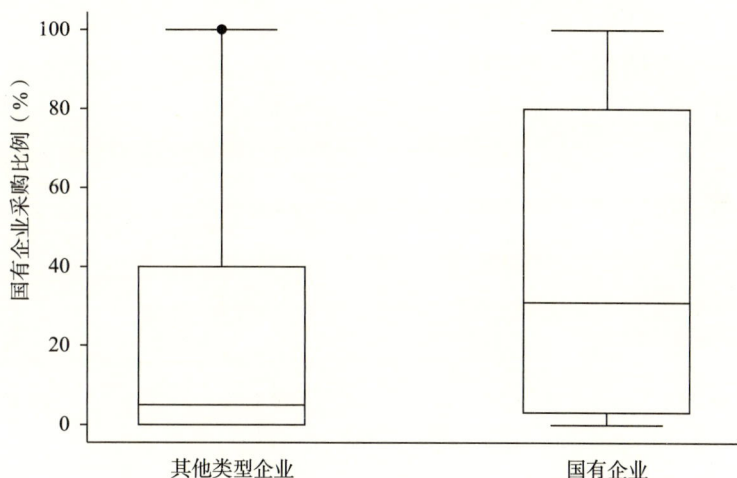

图 7-3　来自国有企业订单采购比例与企业所有权性质

4. 计量结果分析

表 7-14 是方程（4）的回归结果。政府采购比例的估计系数不显著，即提高政府的采购比例无法显著提高企业的劳动生产效率。但是来自其他国有企业的采购变量系数为正，且具有 99％ 置信水平下的显著性，说明提高来自其他国有企业的采购比例能够提高企业的生产率，即竞争中性原则将会通过约束来自其他国有企业的订单比例而影响国有企业的盈利能力。雇员数量对企业生产率的影响显著为负，即更多的雇员降低了企业的生产率。企业所有权性质的系数显著为正，说明国有企业的生产率较高。融资成本和融资难易程度的系数显著为正，即融资成本越低、融资越容易则企业的劳动生产率越高。

表 7-14　采购比例对企业生产率的影响(全样本)

变量	(1) prod	(2) prod	(3) prod	(4) prod	(5) prod	(6) prod
sale	0.315***	0.326***				
	(10.3)	(12.53)				
profit		0.00156***		0.00157***		0.00156***
		(61.02)		(61.03)		(60.85)
employment		−0.0150***		−0.0157***		−0.0149***
		(−16.52)		(−16.94)		(−16.35)
ownership		5.772		10.52**		7.515*
		(1.77)		(3.21)		(2.31)
feasier		11.21***		10.79***		11.23***
		(15.84)		(15.17)		(15.85)
fcost		3.224***		3.337***		3.354***
		(3.88)		(3.99)		(4.03)
saletogov			−0.0360	0.00769		
			(−0.20)	(0.05)		
saletosoe					0.309***	0.309***
					(9.71)	(11.46)
_cons	140.2***	86.42***	148.6***	95.87***	141.1***	87.06***
	(103)	(26.25)	(135.11)	(29.54)	(106.04)	(26.41)
N	12 151	11 798	12 031	11 683	12 151	11 798

注:括号内为 t 值,*表示 $p<0.05$,**表示 $p<0.01$,***表示 $p<0.001$。

　　表 7-15 是国有企业样本的回归结果,检验政府采购对国有企业生产率的影响。政府采购能够从两个方面影响企业的劳动生产率:第一,在政府采购中,地方政府与国有企业之间存在关联关系,具有竞争优势的国有企业或国内供应商的参与,可能会对其他竞争者造成阻碍,从而提高了国

有企业获得订单的概率;第二,通过诱导企业的投资扩张等供给端渠道,政府采购提高了行业层面的产能供给,并因此提高国有企业的生产力。实证结果中政府采购对企业竞争力无显著的影响,可能的原因是中国针对国有企业的采购更多的是公益性质的,虽然有助于国企获得订单,但是却不会带来额外的收益,无法提升企业生产率。竞争中性原则要求其他企业的采购规则同等适用于国有企业,采购主体需预先制定明确的选择标准,取消不公平限制性条款,确保选择程序的公平和公正。因此,来自政府的直接采购不会对国有企业的竞争力产生显著影响,如竞争中性原则无法直接约束国有企业之间的交易行为,则不会对国有企业生产率产生显著影响。

表 7-15　采购比例对企业生产率的影响(国有企业)

变量	(1) prod	(2) prod	(3) prod	(4) prod	(5) prod	(6) prod
saleto	0.500***	0.395***				
	(5.59)	(5.30)				
profit		0.00133***		0.00133***		0.00131***
		(16.58)		(16.70)		(16.29)
employment		−0.00223		−0.00173		−0.00120
		(−1.09)		(−0.80)		(−0.58)
feasier		13.85***		14.54***		14.46***
		(6.33)		(6.67)		(6.58)
fcost		6.295*		7.195**		6.654*
		(2.45)		(2.78)		(2.57)
saletogov			−0.116	−0.192		
			(−0.28)	(−0.58)		
saletosoe					0.419***	0.291***
					(4.54)	(3.81)

续表

变量	(1) prod	(2) prod	(3) prod	(4) prod	(5) prod	(6) prod
_cons	123.4***	62.19***	146.0***	75.06***	130.0***	65.62***
	(22.2)	(6.22)	(39.45)	(7.78)	(24.95)	(6.50)
N	1074	1018	1024	969	1074	1018

注:括号内和 t, * 表示 $p<0.05$, ** 表示 $p<0.01$, *** 表示 $p<0.001$。

(五)行政垄断

由于历史的原因,国企在电信、电力、铁路、能源等领域享有行政垄断地位。政府通过行政手段设置法律法规,只允许特定企业在该行业竞争运营,并限制其他企业进入该行业市场。限制方式既包括"显性"门槛,即规定准入企业的产权比例;也包括各种"隐性"门槛,比如运营企业需要获得特定牌照,但牌照只授予特定类型企业。实行准入规制的历史原因主要是,在中国由计划经济向市场经济转型的过程中,各地方政府常常竞相发展类似产业,造成资源浪费、产品趋同、恶性竞争等问题,国家出于顶层规划和确保发展质量的目的,设立准入门槛,要求企业持证经营。地区性行政壁垒指的是,地方政府或职能部门通过行政权力建立地理市场壁垒,针对在本地销售的外地产品,采用制定规章或行政通知等方式,增加外地产品流通成本,达成限制其市场份额的目的。从图 7-4 可看出,在烟草制品业、开采辅助活动业中,行政垄断给行业竞争带来了非中性的影响。只有打破行政性垄断,才能使市场在资源配置中起决定性作用。竞争中性原则有助于中国打击各种过度使用行政权力排除、限制竞争的行为,清理废除各种妨碍市场化公平竞争的规定和做法,优化营商环境,激发各类市场主体的活力,最终实现优化资源配置,提高企业竞争力。

开采辅助活动｜19.23
有色金属矿采选业｜16.68
水的生产和供应业｜59.3
烟草制品业｜77.05
煤炭开采和洗选业｜18.76
燃气生产和供应业｜28
电力、热力生产和供应业｜54.18
石油加工、炼焦和核燃料加工业｜12.18
石油和天然气开采业｜62.9
金属制品、机械和设备修理业｜25.9

0　　　20　　　40　　　60　　　80
单位：%

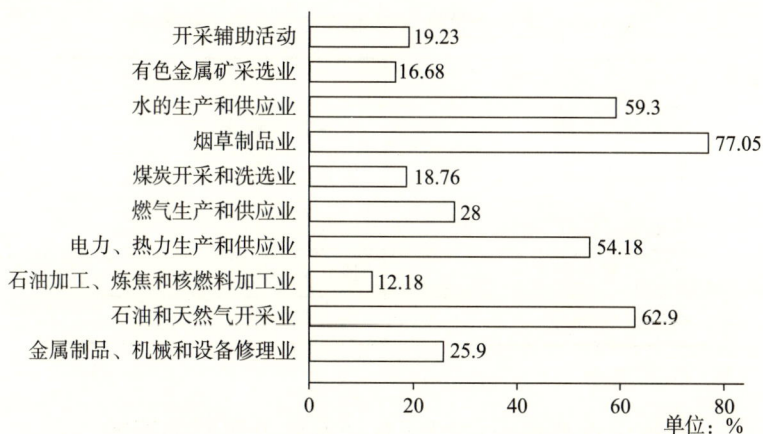

图 7-4　国企数量占比大于 10% 的行业

（六）主要结论

本部分实证检验了竞争中性原则对国有企业竞争力的影响，通过分析发现，竞争中性原则通过政府采购、政府补贴、政府隐性担保、行政垄断等方面影响了国有企业的竞争力，对国有企业在市场中的竞争行为产生一定的影响。虽然来自政府的直接采购不会对国有企业的竞争力产生显著影响，但竞争中性原则将通过约束国有企业之间的交易行为而影响其竞争力。国有企业采用竞争中性原则将会减少企业能够获得的政府补贴资源，提高企业主动创新意识，进而提高国有企业的竞争力。竞争中性原则要求理清政府与企业之间的关系，减少政府对企业经营的干预，实行市场竞争制度。国有企业无法获得来自政府的担保，则其债券融资成本将会上升，间接提升国有企业的竞争力。同时，竞争中性原则将会通过约束政府的行政垄断行为、降低准入门槛，带来外资的先进技术，提高国有企业的竞争力。表 7-16 总结了竞争中性原则对国有企业竞争力的影响。

表 7-16   竞争中性原则对国有企业竞争力的影响

约束行为	影响结果
约束政府采购	无显著影响
约束政府补贴	提升竞争力
约束政府隐性担保	提升竞争力
约束行政垄断	提升竞争力
约束市场准入	提升竞争力

二、竞争中性原则对中国国有企业对外贸易的影响

(一)中国国际贸易现状分析

1. 中国在全球出口贸易中的地位不断上升

2019 年我国外贸进出口总值 45 778.9 亿美元,增长 3.4%;其中,出口 24 994.8 亿美元,增长 5%;进口 20 784.1 亿美元,增长 1.6%;贸易顺差 4 210.7 亿美元(见图 7-5)。中国在全球出口中的地位不断上升,2001—2015 年中国每年出口增长率均高于全球,2016—2019 年略低于全球出口贸易增速;除 2016 年以外,2001—2018 年中国出口增速均高于美国。2001—2017 年中国出口平均增速为 14.85%,高于全球、美国、欧盟、日本、韩国、俄罗斯和印度。中国出口额占世界出口额比重基本呈逐年增大趋势(见图 7-6)。

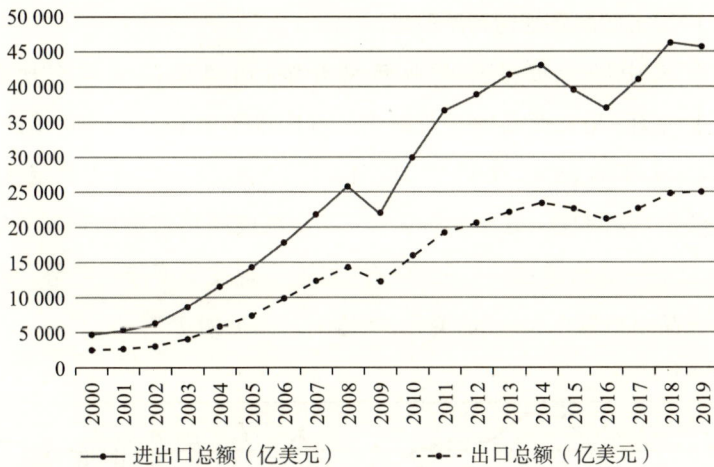

数据来源：WIND 全球宏观数据库

图 7-5　2000—2019 年中国进出口贸易额(亿美元)

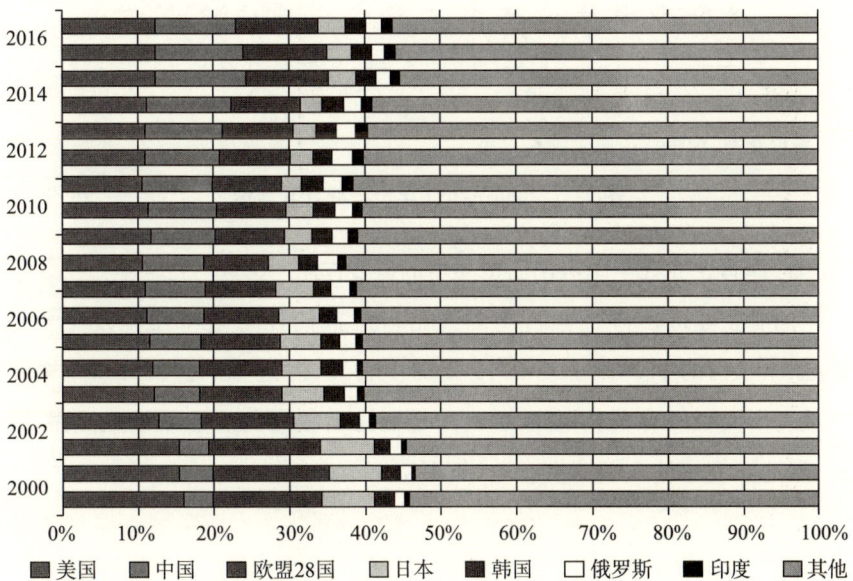

图 7-6　主要国家出口额占世界出口总额比重(%)

2．中国出口商品结构有所改善

近年来中国积极推进产业转型升级，出口商品结构有所改善。2000—2007 年，出口商品中工业制成品占比逐年上升，由 2000 年的 90％上升至 2007 年的 95％；2008—2017 年，工业制成品出口占比稳定在 95％左右。从出口额来看，2002—2007 年，工业制成品出口额增速较快，保持着 26％以上的高增速；2008—2017 年，增速呈现波动下降的趋势，2017 年工业制成品出口额 2.15 万亿美元，增速 7.7％，见图 7-7。

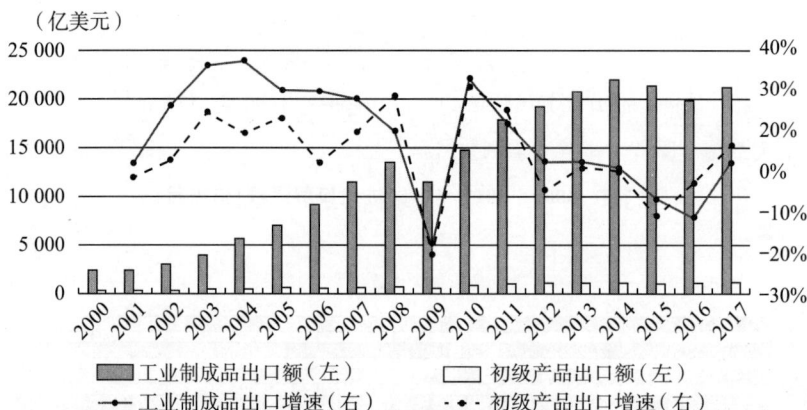

数据来源：WIND 中国宏观数据库

图 7-7　2000—2017 年出口额及其增速

3．国有企业在中国进出口贸易中的重要作用

国有企业进出口金额占全国进出口金额的比重近十年呈现下滑趋势，从十年前的 65％下降至 2019 年的 16.9％，但是影响国民经济的关键领域仍由大型国有企业把控，进出口金额排名较高的企业依旧是金融、能源、制造业领域的大型国有企业，见图 7-8。

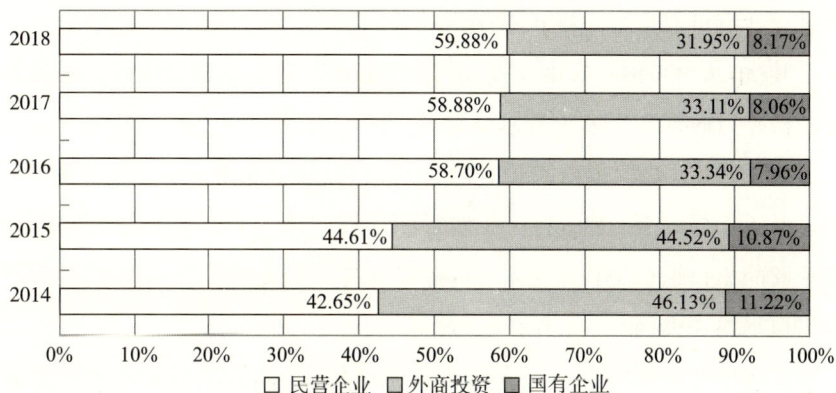

	民营企业	外商投资	国有企业
2018	59.88%	31.95%	8.17%
2017	58.88%	33.11%	8.06%
2016	58.70%	33.34%	7.96%
2015	44.61%	44.52%	10.87%
2014	42.65%	46.13%	11.22%

数据来源：WIND 中国宏观数据库

图 7-8　2014—2018 年不同企业类型的出口金额占比（％）

2019 年中国有 129 家企业进入《财富》500 强，其中只有约 41 家是民营企业，其余全部为国有企业。再仔细分析前 50 强的中国企业：国家电网公司，中石油、中石化、中国建筑，四家国有大型银行，两家国有大型保险公司以及大型汽车生产销售企业（上汽集团）。由此可以看出，中国对外贸易投资的国有企业多是涉及金融、能源、先进制造业等重要行业的龙头企业。加之中国存在着政府对于关键行业的政策扶持，如补贴、先入垄断、优惠贷款等。因此对中国大型国有企业而言，"竞争中性"原则下的国有企业规制可以说是"有针对性"。

（二）竞争中性原则对国有企业对外贸易的影响

从中国所处的发展阶段、国家性质和国有企业所起作用来看，政府向国有企业提供一定支持和补贴仍然是有必要性的。

首先，从资金角度看，一旦根据"竞争中性"原则立即取消补贴，部分过于依赖补贴的国有企业将面临非常严峻的资金紧缺局面。若向国有企业收取利息时按照正常利率收取，则国有企业每年将增加融资成本，不少国有企业有可能取消原本扩大生产的计划。

其次,从出口退税方面来看,特定行业的出口享有国家优惠的退税政策。根据财政部和国家税务总局财税〔2018〕93号文,中国自2018年9月15日起对文化、机电等商品提升增值税出口退税率,将木扇、竹刻等产品出口退税率提高至13%,将多元件集成电路、书籍、非电磁干扰滤波器、报纸等商品出口退税率提高至16%,将玄武岩纤维及其制品、安全别针等产品出口退税率提高至9%等。

竞争中性原则的推行要求政府保持中性,不能给予国有企业优于其他性质的企业政策或税收扶持,这就剥夺了国有外贸企业因其所有权而获得的优势,使国有外贸企业短期内,很难再因其政府背景和政策优势而在国际市场上独具竞争力;但长期来看,实施竞争中性原则后,国有企业的对外贸易优势将会获得进一步的提升,从原有的补贴性价格优势转换为兼具质量优势和价格优势。

从企业成本、费用及利润的角度来看,竞争中性原则剥离了国家对国有企业政策和经济补偿倾斜,以及技术倾斜。国有企业不仅享有技术支持,还享有科研院所与产业集团资源与技术整合的特权,如联想集团就是在中国科学院所属科研机构基础上建立的。这类产学研的合作模式促进了国有企业的技术自主创新能力。竞争中性原则剥离了技术支持后,国有企业的研究和开发经费(R&D)将会提升;科研人员不再享有国家补贴,而是由企业自主承担研发人员的工资、福利,人工成本将会增加;引进先进技术不再享有国家信用背书及国家补贴,将由企业自主承担引进技术以及投资厂房的成本。综合来看,企业的成本和费用会大幅提升,短期内将会压缩国有企业的利润空间,但从国家层面来看,社会平均成本反而不会出现明显的提高。

(三)竞争中性原则对中美贸易的影响

1.中美贸易结构

从出口总额来看,美国、香港地区和日本是中国内地主要的出口对象,对美国出口额从 2000 年的 521 亿美元上升至 2019 年的 4 187 亿美元,对日本出口额从 2000 年的 416 亿美元上升至 2019 年的 1 432.3 亿美元。从出口占比来看,对美国的出口占比稳定在 19%～21%之间。

中美贸易长期存在美国服务贸易顺差、货物贸易逆差。1999 年以来,美国对中国一直存在货物贸易逆差,并且主要源自大规模进口中国商品。美国对中国货物贸易逆差较大的产品类型:一类是资本密集型产品,其中不包含汽车,资本密集型产品(不含汽车)主要有电气设备、航空飞行器及零部件、电气设备、工程机械、机械装备品等。另一类是一般消费品(不含食品、汽车)。非食品和汽车消费品主要有医药产品、服装鞋类和家居用品、玩具和体育用品(含自行车)、家用和厨房用具及其他家居用品。2017 年资本密集型产品(不含汽车)的逆差为 1 428.78 亿美元,一般消费品(不含食品、汽车)的逆差为 2 286.04 亿美元,二者占对华货物贸易逆差的 98%。

在 2008 年前中美间服务贸易基本持平,2008 年后美国对中国的服务贸易顺差迅速增加,对华服务贸易出口明显增加,而对华服务贸易进口值增幅很小。美国对华服务贸易顺差行业有旅游(2017 年,282.18 亿美元)、维修贸易(11.81 亿美元)、知识产权(78.4 亿美元)、金融服务(31.86 亿美元)、保险业(1.93 亿美元)。可见旅游是形成美国对华服务贸易顺差的主要来源,其中个人教育和商务旅游占比大,其中商务旅游是在 2000 年后开始转向顺差的。

2.竞争中性原则对中美贸易的影响分析

竞争中性原则的推行有可能缩小美国对中国的贸易逆差,主要是因为美国对中国服务贸易的顺差会因竞争中性原则的推行而扩大,同时货物贸易的逆差会缩小。中美间贸易体现为美国货物贸易逆差、服务贸易顺差,并且这种情况长期存在。从中国对美货物贸易顺差方面来看,国有出口企业数量较少,并且约有一半企业为服务贸易企业,并非货物出口企业。考虑到国有企业的单体规模较大,在对美出口过程中竞争力较强,受竞争中性原则的约束,国有企业出口规模会有所下降,中国对美贸易顺差也会有一定程度的缩小。

从中国对美国的服务贸易逆差来看,美国企业对外投资的需求还是很大,其跨国公司对外投资活跃,美国企业的对外投资是拉动经济增长的一个重要来源。美国对"竞争中性"的基本态度仍然是以减少投资壁垒,保护投资者利益为主。美国认为中国的国有企业因为身份特殊性而存在不适当竞争,损害了美国企业的公平竞争的优势,不利于美国的经济效益。而竞争中性原则实施后,保障了美国企业在华投资的利益,美国企业在中国有了能够公平竞争的市场环境。目前,中国市场上关系国计民生的领域和行业仍是国企垄断,如能源、金融等市场仍未完全对外开放。若按照美国通行标准来取消对国有企业的政策支持,则美国等国家的跨国企业进入中国市场时,会因为企业雄厚资本、品牌效应等优势条件在中国获得良好的收益。竞争中性原则实施后,美国对中国的服务贸易顺差有可能会进一步扩大。

三、竞争中性原则对中国国有企业海外投资的影响

(一)中国国有企业海外投资现状

由《2019 年度中国对外直接投资统计公报》可知,中国在 2019 年对外直接投资净额为 1 369.1 亿美元,同比下降 4.3%(见图 7-9)。对外直接投资累计净额(以下简称存量)达 2.2 万亿美元。根据联合国贸发会议(UNCTAD)《2020 世界投资报告》显示,2019 年全球外国直接投资流出流量 1.314 万亿美元,年末存量 34.57 万亿美元。以此为基数计算,中国在 2019 年对外直接投资分别占当年全球流量、存量的 10.4% 和 6.4%,流量在全球国家排名为第 2 位,存量排名为第 3 位(见图 7-10)。

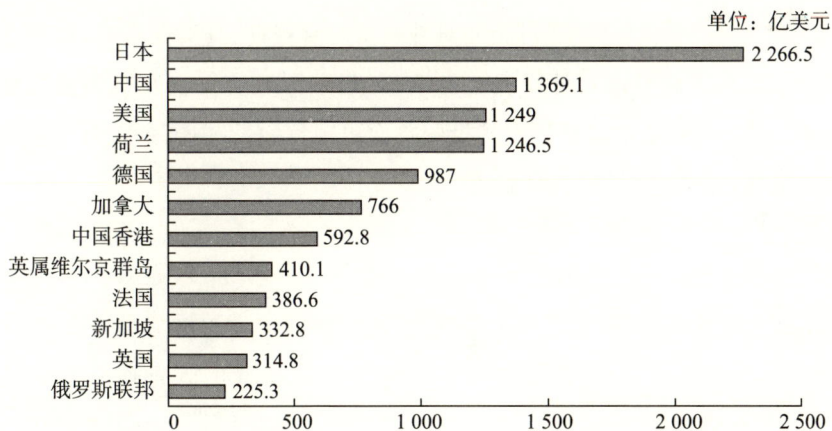

单位:亿美元

国家(地区)	数值
日本	2 266.5
中国	1 369.1
美国	1 249
荷兰	1 246.5
德国	987
加拿大	766
中国香港	592.8
英属维尔京群岛	410.1
法国	386.6
新加坡	332.8
英国	314.8
俄罗斯联邦	225.3

数据来源:2019 年度中国对外直接投资公报

图 7-9　2019 年中国与全球主要国家(地区)流量对比(亿美元)

单位：亿美元

国家	数值
美国	77 217
荷兰	25 653
中国	21 989
英国	19 494
日本	18 181
中国香港	17 940
德国	17 194
加拿大	16 525
法国	15 328
瑞士	15 262
新加坡	11 062
英属维尔京群岛	9 113
韩国	4 401
俄罗斯联邦	3 866

0   10 000   20 000   30 000   40 000   50 000   60 000   70 000   80 000

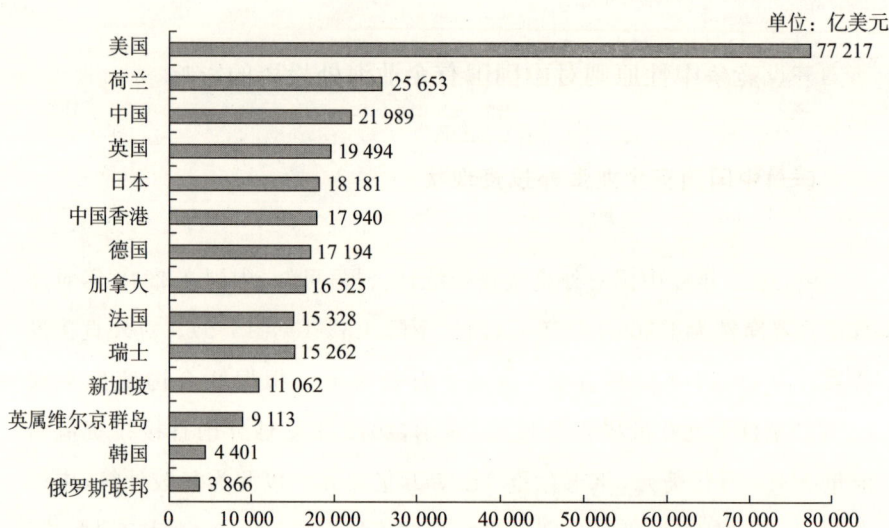

图 7-10   2019 年中国与全球主要国家存量对比（亿美元）

2019 年中国政府加强对企业对外投资的合规性、真实性审查，市场主体更加理性和成熟地对外投资。自 2003 年中国政府权威发布年度数据以来，2017 年开始中国对外直接投资首次出现负增长，中国企业对外投资增速放缓，结构进一步优化（见图 7-11）。

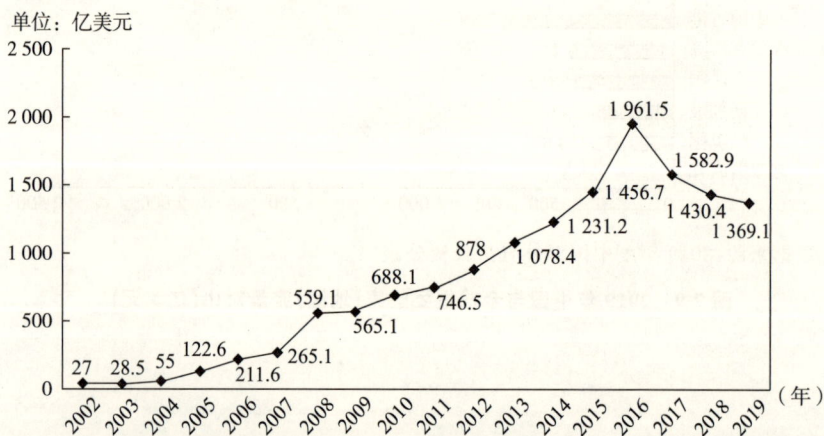

单位：亿美元

年份	数值
2002	27
2003	28.5
2004	55
2005	122.6
2006	211.6
2007	265.1
2008	559.1
2009	565.1
2010	688.1
2011	746.5
2012	878
2013	1 078.4
2014	1 231.2
2015	1 456.7
2016	1 961.5
2017	1 582.9
2018	1 430.4
2019	1 369.1

数据来源：2019 年度中国对外直接投资公报

图 7-11   2006—2017 年中国对外直接投资流量的情况

2019 年,中国对外非金融类投资流量中,非公有经济控股的境内投资者对外投资 588.7 亿美元,同比下降 22.2%,占 50.3%;公有经济控股对外投资 580.9 亿美元,同比增长 27%,占 49.7%。2019 年末,在对外非金融类直接投资 19 443.5 亿美元存量中,国有企业占 50.1%,较上年增加 2.1 个百分点;非国有企业占 49.9%,其中,有限责任公司占 15.3%,股份有限公司占 9.1%,私营企业占 7.6%,个体经营占 6.9%,港澳台商投资企业占 3.7%,外商投资企业占 3.4%,股份合作企业占 0.4%,集体企业占 0.4%,其他占 3.1%。

大型国有企业或央企在对外投资并购活动中比较活跃,参与的并购项目数量较少,但是与民企或财务投资项目相比,金额巨大且影响力深远(见图 7-12 和图 7-13)。根据商务部《2019 年度中国对外直接投资统计公报》的数据,2019 年中国企业一共完成并购 467 起,交易总额达 342.8 亿美元,同比下降 53.8%;其中,安踏用 46 亿欧元完成了对亚玛芬体育的收购,这是 2019 年中国企业"走出去"实施的最大海外并购项目。

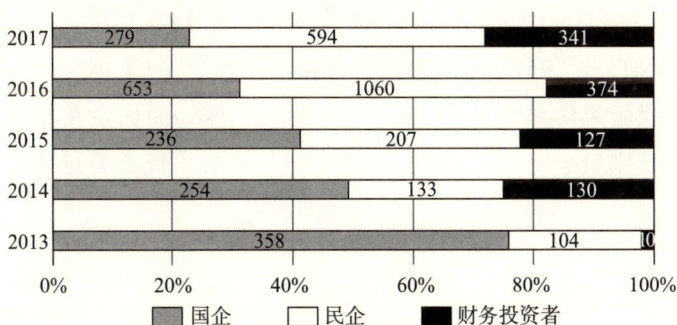

数据来源:2018 年度中国对外直接投资公报

图 7-12 2013—2017 年中国海外并购交易金额(亿美元)

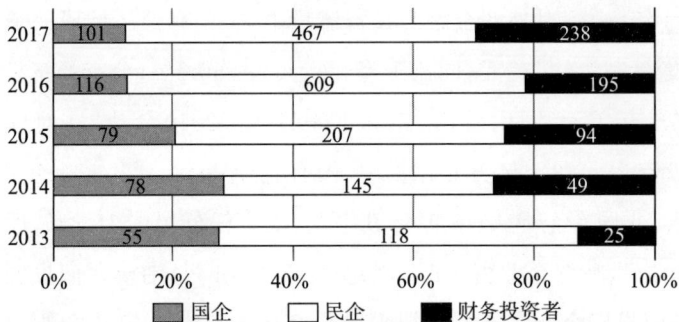

数据来源:2019年度中国对外直接投资公报

图 7-13　2013—2018 年中国海外并购交易数量

　　在自然资源有关领域的对外投资并购中,公有经济控股主体也占据着比较重要的地位。2019 年,中国企业对外投资并购涉及制造业、信息传输/软件和信息技术服务业、电力/热力/燃气及水的生产和供应业等 18个行业大类。从并购金额上看,制造业 142.7 亿美元,位居首位,涉及 179个项目;信息传输/软件和信息技术服务业 72.5 亿美元,位居次席,涉及49 个项目;电力/热力/燃气及水的生产和供应业 45.4 亿美元,居第三位,涉及 31 个项目。国有企业具有政策支持和雄厚资金(见图 7-14),能够更好地降低投资风险和成本,进而实现国际化扩张。而民企在相关国际投资并购领域则较少参与,国企在一定程度上垄断了资源类行业的国际投资活动。

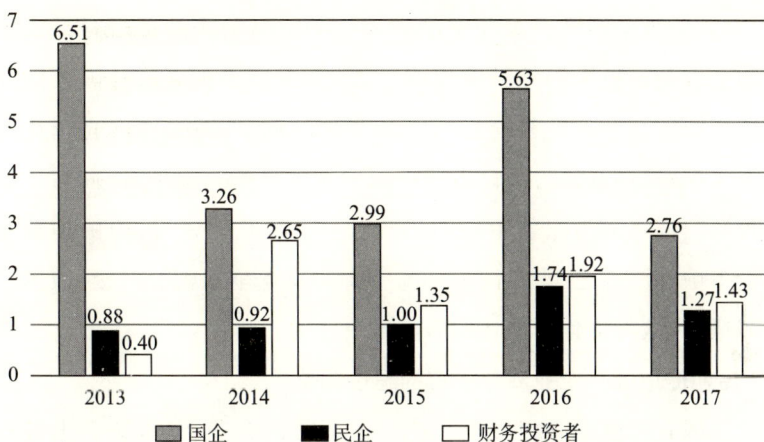

数据来源：普华永道《2017 年中国企业并购市场回顾与 2018 年展望》

注：财务投资为金融投资者支持的海外并购交易，未重复计算

图 7-14　2013—2018 年中国海外并购平均对价(亿美元)

(二)竞争中性原则对国有企业海外投资的影响

1.短期将优化国有企业海外投资能力

在竞争中性原则下，国有企业可以由以下两种方式规范国有企业竞争优势并达到竞争中性的目的：一是修订、补充反垄断法和竞争法。通过减少对公共服务等豁免条款适用，将国有企业或者其行为纳入竞争法管辖体系内，从法律层面上消除国有企业可能获得的不公平竞争优势。二是建立相关的申诉或仲裁机制。任何由于国有企业违反竞争中性而遭受损失的市场主体均有权向申诉或仲裁机构提起投诉，确保国有企业在运行过程中能够保持竞争中性状态。如果未来该条款被推广，中国不能适应竞争中性原则的国有企业将面临很大挑战，中国部分国企对外投资时有可能遭遇东道国其他竞争主体的申诉。

近十年来中国经济得到了高速发展，海外直接投资数额不断增长，交易数量不断增加。美国部分鹰派人士认为中国政府在幕后操控中国国有企业,由此认为中国国企及与中国政府有关的其他企业都很容易成为帮助中国获取美国技术和情报的组织。因而,美国等国家的外国投资委员会对于中国国有企业往往会进行十分苛刻的调查,对中国国有企业提起国家安全审查,并以此为借口拒绝中国国企的并购。短期看,国有企业的海外投资门槛将因为竞争中性而出现调整。从长期来看,中国国有企业采用竞争中性原则之后,在国际市场中将实现竞争规则的对接,减少了投资合规风险,从而优化了企业的海外投资能力。

2.短期促进国有企业海外投资的理性调整

中国国有跨国企业相较于发达国家的跨国企业而言,缺乏丰富的国际化经营经验。中国企业在世界 500 强中的企业个数虽然已经在 2019 年首次超过美国,但是中国不少国有企业还是相当依赖行政授权优势,主要市场在中国国内;相比之下,欧美发达地区的大企业主要是集中在技术密集和全球化的跨国公司,主要市场是在国外。中国经济虽然高速发展,但是技术创新能力与发达国家相比还依然有一定差距。

综上所述,短期上来看"竞争中性"原则会致使中国国有企业在欧美发达国家投资并购等业务出现调整而更趋于理性。在海外投资或者并购时,中国企业往往会面对不公平竞争等风险,因为欧美等发达国家认为中国国企在外投资时背靠中国政府的资本和政策优惠,享有了不公平竞争优势。美、澳等国家因为奉行竞争中性和公平竞争原则,往往也是中国海外投资风险频发的地区。2006—2016 这 11 年间,中国海外投资失败案例数已达总数的 10% 左右(见图 7-17),而中国国有企业也是遭受质疑的主体;这其中风险高发的行业领域则集中在能源、金属采矿等垄断高发的行业。长期来看,中国国企如果从竞争中性原则框架着手,逐步推行新的改革,内部治理结构高标准地对接国际规则,对外投资的进程中受到的阻力将逐步减小,使得国有企业在未来能够扩大海外投资份额。

表 7-17　2006—2016 年中国企业对外直接投资案例描述性统计

控制变量	类别	OFDI 成功案例数	OFDI 失败案例数	失败比例
东道国类别	发展中国家	1 594	122	7.11%
	发达国家	766	92	10.72%
投资额	≤3 000 亿元	1 492	74	4.73%
	>3 000 亿元	869	140	13.88%
企业所有制	国有企业	1 949	217	11%
	民营企业	369	47	12.64%
投资动机	市场寻求型企业	1 059	69	6.5%
	资源寻求型企业	1 079	156	14.4%
	资产寻求型企业	180	39	21.3%

注:投资额根据各年美元兑人民币汇率换算为人民币,并以 2005 年为基期计算各年的不变价格。

在对发展中国家的投资中,竞争中性原则对国有企业的影响可能是多方面的。因为发展中国家受到经济发展水平落后的制约,市场经济机制不够完善,面对经济纠纷和问题时无法按照国际惯例解决和执行,导致在发展中国家的投资出现风险和损失。竞争中性原则如果能够在发展中国家顺利推进,对中国国有企业在发展中国家的投资是有利的。一方面竞争中性能够敦促东道国政府建立较为完善的市场机制,有助于中国企业在东道国充分参与市场竞争,发挥技术和管理优势;另一方面竞争中性能够倒逼东道国政府设立争端解决机制,有助于缓解贸易摩擦,促进双边贸易。其次,针对发展中国家的投资通常周期较长,收益率偏低,竞争中性原则短期提高了投资成本,对海外投资的短期收益率可能有一定影响,但是从长期看提高了中国国企适应竞争中性原则的能力,从而降低了合规风险和投资风险。

四、竞争中性原则对"一带一路"倡议的影响

(一)中国与"一带一路"沿线国家的贸易投资概况

1.中国在"一带一路"沿线国家投资的概况

2019 年末,中国境内投资者在"一带一路"沿线的 63 个国家设立境外企业近 1.1 万家,涉及国民经济 18 个行业大类,当年实现直接投资 186.9 亿美元,同比增长 4.5%,占同期中国对外直接投资流量的 13.7%(见图 7-15)。从行业构成看,流向制造业的投资 67.9 亿美元,同比增长 15.5%,占 36.3%;批发和零售业 25.1 亿美元,占 13.4%;建筑业 22.4 亿美元,占 12%;金融业 15.9 亿美元,占 8.5%;科学研究和技术服务业 13.5 亿美元,占 7.2%;电力生产和供应业 13.4 亿美元,占 7.2%。从国别构成看,主要流向新加坡、印度尼西亚、越南、泰国、阿拉伯联合酋长国、老挝、马来西亚、哈萨克斯坦、柬埔寨等国家。2013—2019 年,中国对沿线国家累计直接投资 1 173.1 亿美元。

单位:亿美元

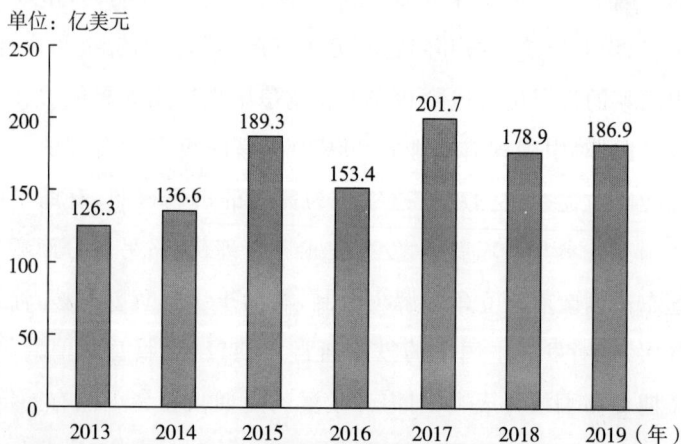

图 7-15   2013—2019 年中国对"一带一路"沿线国家投资流量

2.中国与"一带一路"沿线国家贸易的概况

自"一带一路"倡议提出以来,中国与"一带一路"沿线国家和区域的贸易往来不断扩大,逐步培育出新的贸易增长点,不断优化贸易结构,为"一带一路"的各个参与方都注入了经济新活力。

首先,货物贸易逐步增长。2013—2018 五年中,中国与"一带一路"沿线国家货物贸易总额超过 6 万亿美元,中国与沿线国家贸易额占外贸总额的比重逐年提升,由 2013 年的 25% 提升到了 2018 年的 27.4%。中国在"一带一路"沿线已经成为 25 个国家的最大贸易伙伴。

其次,贸易结构不断优化,互补性增强。"一带一路"沿线国家与中国的货物贸易具有较强的互补性。中国对"一带一路"相关国家的出口商品主要集中在机械电子、金属制品、纺织等商品上。2016 年,上述三类产品占中国对沿线国家出口总额的 61.0%。中国自沿线国家进口以矿产品和部分机电产品为主,占中国自沿线国家进口总额的 57.8%。

最后,区域贸易伙伴集中发展,主要集中于东南亚。中国与"一带一路"沿线国家和地区的货物贸易区域分布主要集中在东南亚地区,2017 年,中国与东南亚地区相关国家的贸易额占中国与沿线国家贸易总额的 47.3%。

(二)竞争中性原则在"一带一路"沿线国家的实施进程

跨太平洋伙伴关系协定(TPP)是指 2006 年由新加坡、智利、文莱与新西兰启动的自由贸易协定,之后美国、越南、澳大利亚、马来西亚以及秘鲁、墨西哥、加拿大、日本先后加入谈判,后逐渐转变成美国试图推行竞争中性原则,强调国有企业问题的一个平台。2013 年日本加入以后,TPP 谈判方达到 12 个,占全球出口的 24%。2016 年 2 月 4 日,TPP 在新西兰最大城市奥克兰正式签署。

"一带一路"沿线国家中,新加坡、文莱、越南和马来西亚为 TPP 谈判方,即将加速推行竞争中性原则。上述四国近年来与中国在贸易和投资领域的联系非常密切,随着竞争中性原则的实施、谈判的深化,中国在"一带一路"沿线国家的贸易与投资也会受到相应的约束和影响。

中国与日本、韩国、俄罗斯、东盟等周边国家有着紧密的经贸关系。美国"重返亚太"和 TPP 的出现,为这些国家谋求自身利益最大化提供了一条额外的路径,加大中国与这些国家维持良好关系的难度。就中国与东盟关系而言,随着 TPP 的推进,中国与东盟关系也趋于复杂化。历史上看,东盟更倾向于与区域性大国单独签署 FTA,从而借助大国平衡外交,达到自身利益最大化。当前,虽然马来西亚、越南已经加入 TPP 谈判,泰国也向 TPP 伸出了"橄榄枝",但东盟对 TPP 尚未做出明确表态,这对中国是有利的,也对中国积极考虑采用竞争中性原则等提出了新的要求。

(三)竞争中性原则促进中国产业链在"一带一路"地区延伸

自提出"一带一路"倡议以来,国有企业参与"一带一路"建设和投资的积极性明显提高。根据德勤公司的报告数据,受访央企中有 70% 表示未来国际化方向会向"一带一路"倾斜;计划参与"一带一路"项目的国企中,78% 表示会增加未来海外投资规模。由于国有企业大多属于能源及重化工行业,出于做大做强的目的,能源、电力及工业领域一直是海外并购的重点。随着竞争中性原则在"一带一路"沿线国家的实施,能源及重化工行业的国有企业受竞争中性原则的约束较强,相关产业链在"一带一路"沿线国家的竞争优势可能会丢失,产业链延伸速度可能放缓。

中国"一带一路"倡议在获得周边国家积极响应的同时,也由于国企的身份特殊性导致投资的基础建设等项目受到质疑。"一带一路"倡议提出后,孟中印缅经济走廊(BCIM)、中巴经济走廊(CPEC)、蒙古国的"草原之路"等均对"一带一路"倡议进行了对接。但是随着竞争中性原则在全球范围内越来越得到认同,欧美等很多国家对中国国有企业身份特质提出不少质疑,导致"一带一路"的部分国家对中国的倡议开始持观望态度,个别国家甚至对于中国国有企业投资参与的基础建设项目开始曲解为"政府行为",认为中国只是将"一带一路"沿线国家当作原料和能源获取地,没有实质性地帮助周边国家人民,从而遭到少数国家的误解,甚至反对和敌意。中国国有企业如果能顺利实施竞争中性原则,可以一定程度上打消对中国国企投资的敌意,帮助中国国企进行海外投资,让周边国家从投资的角度看待中国国企的投资,更好地发挥"一带一路"的作用,增强中国产业链在"一带一路"沿线国家的延伸力。

(四)竞争中性原则减少与"一带一路"沿线国家的贸易摩擦

虽然"一带一路"极大地激发了民营企业对外直接投资的热情和活力,但国有企业仍是中国对外直接投资的主导者。如果再考虑到国有企业在中国金融行业的主导地位和中国金融类国有企业国际化程度的迅速提高,中国国有企业在国际市场上已经成为大部分跨国企业的强有力竞争者。尽管某些西方发达国家也有一定数量的国有企业,但从根本上讲西方发达国家的经济体制建立在私营企业相互竞争的基础上。随着中国国有企业对"一带一路"沿线国家市场的积极参与,如何维护国有企业和私营企业之间的公平竞争成为"一带一路"倡议需要关注的重要议题,对于两者难以公平竞争的担忧也成为中国对"一带一路"沿线国家贸易和投资频频遭遇阻碍的重要诱因。

面对国内外经济环境的变化,中国开始积极探讨竞争中性原则。中国人民银行行长易纲在 2018 年 G30 国际银行业研讨会上提出:"为解决中国经济中存在的结构性问题,将加快国内改革和对外开放,加强知识产权保护,并考虑以'竞争中性'原则对待国有企业。"2018 年 10 月 15 日,国务院国资委副秘书长彭华岗回答记者提问时指出,当前国企改革的思路和目标与竞争中性原则是一致的。

在"一带一路"发展的浪潮之下,中国可以考虑在区域全面经济伙伴关系协定(RCEP)等自由贸易协定中稳步提出竞争中性的中国方案。自贸协定明确指出其规定同样适用于某些特殊定义的国有企业以弥补在WTO 语境下的定义模糊之处,或者包括一些额外的有关国有企业的专门规定。RCEP 是在 WTO 规则基础上更高水平的自贸协定。作为拥有最大规模国有经济的谈判方,中国在 RCEP 的谈判中可与具有相当数量国有企业的越南、新加坡和马来西亚等国携手确立有关国有企业规制的新规则,为竞争中性原则提供符合国际共识并具有中国底色的模板和蓝本,并在此基础上减少国际化进程中的贸易摩擦和冲突。

五、本章小结

本章首先实证检验了竞争中性原则对国有企业竞争力的影响,发现来自政府的直接采购不会对国有企业的竞争力产生显著影响,但竞争中性原则将通过约束国有企业之间的交易行为而影响其竞争力;国有企业采用竞争中性原则将会减少企业能够获得的政府补贴资源,间接提高国有企业的竞争力;竞争中性原则要求理清政府与企业之间的关系,国有企业无法获得来自政府的担保,则其债券融资成本将会上升,短期内可能降低国有企业的盈利能力,但也提高了整个市场的资源配置效率,并会促使企业更加注重项目风险,提高企业竞争力。

在对外贸易方面,竞争中性原则影响部分国有企业出口的优势,压缩部分国有企业的利润空间,但也会提高补贴等的运用效率。在海外投资方面,长期来看,采用竞争中性原则可以降低国有企业海外投资的门槛,提高国有企业对外投资的竞争力。

　　由于竞争中性原则在"一带一路"国家的实施情况不同,其对中国在"一带一路"投资的影响将会呈现出区域性的特点。总体而言,竞争中性原则将会提升并广泛运用到中国产业链在"一带一路"地区战略的延伸,减少与"一带一路"沿线国家的贸易摩擦。

参考文献

一、外文参考文献

Capobianco，A. and H. Christiansen. Competitive Neutrality and State-owned Enterprises：Challenges and Policy Options[R].OECD Publishing,2011.

Deighton-smith，R.National Competition Policy：Key Lessons for Policy-making From Its Implementation[J].Australian Journal of Public Administration，2001,60，(3).

G20 Research Group.G20 Leaders' Declaration：Building Consensus for Fair and Sustainable Development[R].Buenos Aires Summit,2018.

Hormats，Robert.Ensuring A Sound Basis for Global Competition：Competitive Neutrality，Under Secretary for Economic[J].Energy and Agricultural Affairs,2011.

Kowalski，P. Et Al.State-owned Enterprises：Trade Effects and Policy Implications[M].OECD Publishing,2013.

Liao，S.，Zhang，Y. A New Context for Managing Overseas Direct Investment by Chinese State-owned Enterprises [J]. China Economic

Journal,2014.

OECD.Competitive Neutrality, A Compendium of OECD Recommendations, Guidelines and Best Practice[M].OECD Publishing, 2012.

OECD.Competitive Neutrality: Maintaining A Level Playing Field Between Public and Private Business[M].OECD Publishing,2012.

Ottawa.Discussion Paper Communication From Canada[R].Global Affairs Canada,2018.

Shima, Y. The Policy Landscape for International Investment by Government-controlled Investors[M].OECD Publishing,2015.

Sultan Balbuena, S.Concerns Related to the International Isation of State-owned Enterprises: Perspectives From Regulators, Government Owners and the Broader Business Community[M].OECD Publishing, 2016.

Tang Van, Nghia.Competitive Neutrality: Challenges of Application for Vietnam[M].Social Ence Electronic Publishing,2016.

Trembath, A.Competitive Neutrality: Scope for Enhancement, National Competition Council Staff Discussion Paper[R].Aus Info, Canberra.

Virtanen, Martti, Valkama, & Pekka . Competitive Neutrality and Distortion of Competition: A Conceptual View[J]. World Competition Law & Economics Review,2009.

WTO.WTO Modernization Introduction to Future EU Proposals, Concept Paper,2018.

Shleifer A.State Ownership vs Private Ownership[J].Journal of Economic Perspectives,Vol.12, Iss.4,1998.

Krueger A O.Government Failures in Development,Journal of Economic Perspectives,Vol.4,Iss.3,1990.

Boardman E& Vining A R. Ownership Versus Competition: The Causes of Government Enterprise Inefficiency[J].Public Choice, Vol.73, Iss.2,1992.

Allen F& Gale D.Corporate Governance and Competition,Working Paper,Wharton School of University of Pennsylvania,1999.

Laffont J. Competition Information, and Development: Annual World Bank Conference on Development Economics[R].Working Paper, World Bank,1998.

Demsetz H.The Private Production of Public Goods[J].Journal of Law and Economics,Vol.13,Iss.2,1970.

Samuelson P A.The Pure Theory of Public Expenditure[J].The Review of Economics and Statistics,1954,Vol.36,Iss.4.

Andrew D& Trebileock J.State-owned Enterprises in Less Developed Countries:Privatization and Alternative Reform Strategies[J].European Journal of Law and Economics,Vol.12 Iss.3,2001.

Lawson C.The Theory of State-owned Enterprises in Market Economies,Journal of Economic Surveys,Vol.8,Iss.3,1994.

Demsetz H.Barriers to Entry[J].The American Economic Review, 1982,Vol. 72.

Montinola G,Yingyi Q& Weingast B R.Federalism,Chinese Style: The Political Basis for Economic Success in China[J].World Politics, 1995,Vol.48,Iss. 1.

Brandt L& Li H B.Bank Discrimination in Transition Economies: Ideology, Information or Incentives? [J].Journal of Comparative Economics,2003,Vol.31,Iss.3.

Ma J, Song F& Yang Z. The Dual Role of the Government: Securities Market Regulation in China 1980-2007[J]. Journal of Financial Regulation and Compliance, 2010, Vol.18, Iss.2.

Aharony J&. Wong T J. Financial Packaging of IPO Firms in China [J]. Journal of Accounting Research, 2000, Vol.38, Iss.1.

Yuan J T&. Zhang W, Multitask Principal-agent Model and Study on SOE Managers' Incentive Issues[J]. Journal of Management Sciences in China, 2006, Vol.9, Iss.3.

Capobianco A&. Christiansen H. competitive Neutrality and State-owned Enterprises: Challenges and Policy Options[J]. OECD Corporate Governance Working Papers, 2011.

Fama E. & M. C. Jensen. Separation of Ownership and Control[J]. Journal of Law and Economics, 1983(26).

FCIC.2018 Annual Report to Congress[R].2019.

FDIC.2018 Annual Report[R].2019.

Froomkin M. Reinventing the Government Corporation[J]. U.ill.l. rev, 1995, 47(3):543-634.

U.S. Government Accountability Office. Government Coporations: Profiles of Existing Government Corporations[R].1995.

Ghosh M.& Whalley J. state Owned Enterprises, Shirking and Trade Liberalization[J]. Economic Modelling, 2008(25).

Haririan M. State-owned Enterprises in A Mixt Economy[M]. Boulder: Westview Press, 1989.

Hart, O. & J. Moore. Property Rights and the Nature of the Firm[J]. Journal of Political Economy. 1990(6).

Hope J. & Fraser R. Budgets: The Hidden Barrier to Success in the

Information Age[J].Accounting & Business,1999.

Jensen M.C. & Meckling W.Theory of the Firm:Managerial Behavior,Agency Costs and Ownership Structure[J].Journal of Financial Economics,1976 (3).

Jensen M.C.,Murphy K J.Performance Pay and top-management Incentive[J]. Journal of Political Economy,1990(2).

Jensen M.C.The Modern Industrial Revolution,Exit and the Failure of Internal Control Systems[J]. The Journal of Finance, 1993(7).

Kosar K. R. Federal Government Corporations:An Overview[R]. CRS Report for Congress,2011(6).

Lipton M. & Lorsch J.W.A Modest Proposal for Improved Corporate Governance[J].The Business Lawyer,1992(48).

The Secretariat.Roundtable on Competition Law and State-own Enterprises: Enforcement[R].The 17th OECD Global Forum Competition,2018.

Argentina.Competition Law and State-owned Enterprises:Contribution from Argentina[R].The 17th OECD Global Forum on Competition,2018.

Brazil.Competition Law and State-owned Enterprises:Contribution from Brazil.[R].The 17th OECD Global Forum on Competition, 2018.

Costa Rica.Competition Law and State-owned Enterprises: Contribution from Argentina[R].The 17th OECD Global Forum on Competition,2018.

Korea.Competition Law and State-owned Enterprises:Contribution from Korea[R].The 17th OECD Global Forum on Competition, 2018.

Latvia.Competition Law and State-owned Enterprises:Contribution from Latvia[R].The 17th OECD Global Forum on Competition，2018.

Mexico.Competition Law and State-owned Enterprises：Contribution from Mexico[R].The 17th OECD Global Forum on Competition，2018.

Mongolia.Competition Law and State-owned Enterprises：Contribution From Mongolia[R]. The 17th OECD Global Forum on Competition，2018.

Nguyen A.Assessing the Impact of Vietnam's Integration Under AETA and VJEPA on Vietnam's Trade Trade Flows：Gravity Approach [J].Yokohama Journal of Social Sciences，2012，Vol.17.

Draper P . The Shifting Geography of Global Value Chains：Implications for Developing Countries，Trade Policy，and the G20[J]. Global Summitry Journal，2013，1(1).

Piermartini R.，and Rubinova S.Knowledge Spillovers Through International Supply Chains，WTO Staff Working Paper No. ERSD-2014-11，2014.

Seker M.Importing，Exporting and Innovation in Developing Countries[J].Review of International Economics ，2012，20(2).

Santos J.M.C.，and Silvana Tenreyro.The Log of Gravity[J].Review of Economics and Statistics ，2006，88.

Stack Marie M.and Pentecost Eric J.Regional Integration and Trade：A Panel Cointegration Approach to Estimating the Gravity Model[J]. The Journal of International Trade&Economic Development，Vo. 20，2011.

Urata S.and Kiyota K. The Impacts of an East Asiaro Irade Agreement on Foreign Trade in Fast Asia. NBER-east Seminar on Economics，2005，Vol.14.

二、中文参考文献

（一）著作

李昌麒.经济法学[M].法律出版社,2007.

张文显.法理学[M].高等教育出版社,2007.

王克稳.经济行政法基本论[M].北京大学出版社,2004.

黄勇.国有独资公司法人制度设计专论[M].法律出版社,2014.

钟雯彬.公共产品法律调整研究[M].法律出版社,2008.

朱锦清.国有企业改革的法律调整[M].清华大学出版社,2013.

徐晓松.国有独资公司治理法律制度研究[M].中国政法大学出版社,2010.

王俊豪.政府管制经济学导论——基本理论及其在政府管制实践中的应用[M].商务印书馆,2011.

道格拉斯·C.诺斯.经济史中的结构与变迁[M].陈郁、罗华平译.上海人民出版社,1994.

李俊江、史本叶、侯蕾.外国国有企业改革研究[M].经济科学出版社,2010.

许光耀.欧共体竞争立法[M].武汉大学出版社,2006.

剧锦文.非国有经济进入垄断产业研究（第二版）[M].经济管理出版社,2013.

左学金、程杭生.中国国有企业改革治理:国际比较的视角[M].社会科学文献出版社,2005.

林毅夫、蔡昉、李周.充分信息与国有企业改革[M].上海三联书店,上海人民出版社,1997.

陈小波、赵昌文.新时代大型国有企业深化改革研究——制度变革和国家所有权政策[M].中国发展出版社,2014.

高维和、殷华、张懿玮.国际"竞争中立"国有企业条款与中国实践[M].格致出版社、上海人民出版社,2019.

顾功耘.当代主要国家国有企业法[M].北京大学出版社,2014.

何志鹏.国际法治论[M].北京大学出版社,2016.

丁茂中.竞争中立政策研究[M].法律出版社 2018.

经济合作与发展组织.公司治理问责与透明度:国家所有权指南[M].中国财政经济出版社,2011.

孔祥俊.反不正当竞争法新原理·原论[M].法律出版社,2019.

孔祥俊.反不正当竞争法新原理·总论[M].法律出版社,2019.

李翙楠.国企改革:公平竞争视角下国有企业改革法律问题研究[M].复旦大学出版社,2017.

林燕萍.欧盟竞争法经典案例翻译(第 1 辑)(中英对照)[M].法律出版社 2017.

林燕萍.欧盟竞争法经典案例翻译(第 2 辑)(中英对照)[M].法律出版社 2017.

曼昆.曼昆经济学原理导读[M].中国工信出版集团、人民邮电出版社,2017.

欧盟商会.欧盟企业在中国建议书(2018－2019)[M].2018.

石伟."竞争中性"制度的理论和实践[M].法律出版社,2017.

希尔顿.反垄断法:经济学原理和普通法演进[M].北京大学出版社,2009.

周旺生.立法研究[M].法律出版社,2000.

张文魁、袁东明.中国经济改革 30 年(国有企业卷)[M].重庆大学出版社,2008.

安东尼·奥格斯.规制:法律形式与经济学理论[M].骆梅英译.中国人

民大学出版社,2008.

　　张巍.民营与国有经济法律保护差异性的经济分析[M].中国经济出版社,2013.

　　李津京.权力视角下的公企业与国有经济治理研究[M].经济科学出版社,2011.

　　丹尼尔·F.史普博.管制与市场[M].余晖等译.上海三联书店、上海人民出版社,1999.

　　吴兴光.欧盟有关政府行为控制的法律研究[M].高等教育出版社,2010.

　　陈鸿.国有经济布局[M].中国经济出版社,2012.

　　郑鹏程.行政垄断的法律控制研究[M].北京大学出版社,2002.

　　郑鹏程.对政府规制的规制——市场统一法律制度研究[M].法律出版社,2012.

　　经济合作与发展组织.国有企业公司治理——对 OECD 成员国的调查[M].李兆熙、谢晖译.中国财政经济出版社,2008.

　　W.基普·维斯库斯、小约瑟夫·E.哈林顿、约翰·M.弗农.反垄断与管制经济学[M].陈甬军、覃福晓等译.中国人民大学出版社,2010.

　　李福川.俄罗斯反垄断政策[M].社会科学文献出版社,2010 年.

　　保罗·A.萨缪尔森、威廉·D.诺德豪斯.经济学(第 16 版).萧琛译.人民邮电出版社,1998.

　　张文魁、袁东明等.国有企业改革与中国经济增长[M].中国财政经济出版社,2015.

　　金碚、刘戒骄等.中国国有企业发展道路[M].经济管理出版社,2013.

　　[英]柯林·梅耶.市场经济和过渡经济的企业治理机制[M].北京大学出版社,2005 版.

　　[英]凯恩斯.就业、利息和货币通论[M].商务印书馆,1981.

郭媛媛.公开与透明:国有大企业信息披露制度研究[M].经济管理出版社,2012.

徐士英.竞争政策研究:国际比较与中国选择[M].法律出版社,2013.

中国世界贸易组织研究会竞争政策与法律专业委员会,中国竞争法律与政策研究报告(2015 年)[M].法律出版社,2016.

王新红等.国有企业法律制度研究[M].中央编译出版社,2015.

傅车、张颖.反垄断与竞争政策经济理论、国际经验及对中国的启示[M].北京大学出版社,2004.

刘桂清.反垄断法中的产业政策与竞争政策[M].北京大学出版社,2010.

朱锦清.国有企业改革的法律调整[M].清华大学出版社,2013.

李建伟.中国企业立法体系改革:历史、反思与重构[M].法律出版社,2012.

李玉虎.经济法律制度与中国经济发展关系研究[M].法律出版社,2015.

厉以宁.中国经济双重转型之路[M].中国人民大学出版社,2013.

厉以宁等.走向繁荣的战略选择[M].经济日报出版社,2013.

厉以宁.非均衡的中国经济(中国文库:哲学社会科学类)[M].中国大百科全书出版社,2009.

林毅夫.中国经济专题[M].北京大学出版社,2012 年第 2 版.

张文魁、袁东明.中国经济改革 30 年(国有企业卷)[M].重庆大学出版社,2008.

国家行政学院经济学教研部.中国供给侧结构性改革[M].人民出版社,2016.

李锦.国企改革顶层设计解析[M].中国言实出版社,2015.

程志强.国有企业改革和混合所有制经济发展[M].人民日报出版社,

2016.

　　韩伟.OECD 竞争政策圆桌论坛报告选译[M].法律出版社,2015.

　　卫祥云.国企改革新思路:如何把正确的事做对[M].电子工业出版社,2013.

　　唐国强.跨太平洋伙伴关系协定与太平洋区域一体化研究[M].世界知识出版社,2013.

　　经济合作与发展组织.竞争中立:各国实践[M].赵立新,蒋星辉,高琳,译.经济科学出版社,2015.

　　黄少安.国有资产管理概论[M].经济科学出版社,2000.

(二)论文

　　杨萍.推动与竞争政策相适应的投资政策转型[J].宏观经济研究,2020(6).

　　王丹.以竞争中性制度促进形成强大的国内市场[J].宏观经济研究,2020(6).

　　张晨颖、李兆阳.竞争中性政策的逻辑、构建与本土化实施[J].河北法学,2020(5).

　　张洪涛.浅析如何做好国有企业纪检监察工作[J].法制与社会,2020(5).

　　白明、史晓丽.论竞争中性政策及其对中国的影响,国际贸易,2015,(03).

　　毕金平、丁国峰.论竞争中性制度对中国的影响及应对措施,江海学刊,2018,(06).

　　陈秀山.中国竞争制度与竞争政策目标模式的选择,中国社会科学,1995,(3).

丁国峰、毕金平.论反垄断法之公共执行与私人实施的协调[J].中南大学学报(社会科学版),2012,18,(1).

冯晓琦、万军.从产业政策到竞争政策:东亚地区政府干预方式的转型及对中国的启示[J].南开经济研究,2005,(5).

黄颖慧.TPP协议中的竞争中性规则研究[J].法制与社会,2017,(02).

黄志瑾.国际造法过程中的竞争中性规则——兼论中国的对策[J].国际商务研究,2013,(3).

胡左浩.借助竞争中性原则深化国企改革[J].人民论坛,2018,(36).

孔东民、刘莎莎、王亚男.市场竞争、产权与政府补贴[J].经济研究,2013,48(02).

李剑.反垄断法实施与产业政策的协调——产业政策与反垄断法的冲突与选择[J].东方法学,2011,(1).

刘笋,许皓.竞争中性的规则及其引入[J].政法论丛,2018,(05).

秦晓.改革国企体制 推动国家资本的社会化[J].中国民营科技与经济,2012,(Z3).

石静霞.国际贸易投资规则的再构建及中国的因应[J].中国社会科学,2015,(9).

宋凌云,王贤彬.重点产业政策、资源重置与产业生产率[J].管理世界,2013,(12).

汤婧."竞争中性"规则:国有企业的新挑战[J].国际经济合作,2014,(03).

唐宜红、姚曦.竞争中性:国际市场新规则[J].国际贸易,2013,(03).

田野.国际经贸规则与中国国有企业改革[J].人民论坛 学术前沿,2018,(23).

王博森、吕元稹、叶永新.政府隐性担保风险定价:基于中国债券交易市场的探讨[J].经济研究,2016,51(10).

王永进、匡霞、邵文波.信息化、企业柔性与产能利用率[J].世界经济,2017,40(01).

王绍媛、刘政.国际投资协定中的竞争中性规则审视[J].哈尔滨工业大学学报(社会科学版),2018,20(05).

许皓.中国竞争中性的应然之路[J].湖北大学学报(哲学社会科学版),2019,(1).

张琳、东艳.主要发达经济体推进"竞争中性"原则的实践与比较[J].上海对外经贸大学学报,2015,22(04).

张占江.政府行为竞争中性制度的构造——以反垄断法框架为基础[J].法学,2018,(06).

张占江.《中国(上海)自由贸易试验区条例》竞争中性制度解释[J].上海交通大学学报(哲学社会科学版),2015,23(2).

赵海乐.竞争中性还是竞争礼让——美国对华反补贴中的国有企业歧视性待遇研究[J].国际商务,2016,(4).

赵学清、温寒.欧美竞争中性政策对中国国有企业影响研究[J].河北法学,2013,31(1).

蒋大兴.合宪视角下混合所有制的法律途径[J].法学,2015(5).

焦海涛.国有企业的立法定位——以国有企业职能为视角[J].法治研究,2012(10).

严海宁、汪红梅.国有企业利润来源解析:行政垄断抑或技术创新",改革,2009(11).

魏琼.论混合型行政性垄断及其规制,法学家,2010(1).

孔东民、刘莎莎、王亚男.市场竞争、产权与政府补贴[J].经济研究,2013(2).

张守文.企业集团汇总纳税的法律解析[J].法学,2007(5).

崔威.国有企业重组的"超特殊"税务处理:法律背景及评议[J].中外法学,2010(10).

季仙华.我国民营企业直接融资的制度性障碍[J].中国市场,2011(16).

吴忠民.公正新论[J].中国社会科学,2000(4).

张文显.市场经济与现代法的精神论略[J].中国法学,1994(6).

刘瑞明、石磊.国有企业的双重效率损失与经济增长[J].经济研究,2010(1).

方小敏.论反垄断法对国有经济的适用性——兼论我国《反垄断法[J].第7条的理解和适用[J].南京大学法律评论,2009(1).

黄范章.探索、建设社会主义市场经济体制的三十年——兼论创立中国特色的转轨经济学和社会主义市场经学[J].经济社会体制比较,2008(4).

周其仁.公有制的性质[J].经济研究,2000(11).

史际春.论营利性[J].法学家,2013(3).

戴锦.产权改革、竞争环境与政策工具:观照国企改革理论[J].改革,2013(11).

杨树明、张平.重塑公司法人治理基础新理念:所有与经营分离的统一——兼论国有企业公司化改革的产权结构模式[J].现代法学,2000(5).

王军.国企改革与国家所有权神话[J].中外法学,2005(3).

李昌庚.金融危机视野下经济法价值考辨——以国有企业为例的实证分析[J].政治与法律,2010(6).

金碚.国有企业的发展与中国工业化进程[C].跨世纪的中国企业改革和发展理论与实践研讨会论文集,1999.

金碚.三论国有企业是特殊企业[J].中国工业经济,1999(7).

金碚.国有企业的历史地位和改革方向[J].中国工业经济,2001(2).

金碚.国企改革的方向[J].改革与理论,2002(2).

金碚、刘戒骄.美国的国有企业治理及其对中国的启示[J].经济管理,2004(16).

蓝定香.建立现代产权制度与国有企业分类改革[J].经济体制改革,2006(1).

李开甫.简论我国公司监事会制度的不足与完善[J].法学评论,2005(2).

李俊江、史本叶.美国国有企业发展及其近期私有化改革研究[J].吉林大学社会科学学报,2006(1).

郭纲.新加坡国有企业董事会结构的优势及其借鉴意义[J].生产力研究,2004(8).

洪名勇.国有经济规模的理论与实践[J].贵州大学学报(社会科学版),2003(5).

黄红.美国政府对国有经济的监督和管理研究[J].交通科技与经济,2000(4).

黄群慧.关于进一步明确国有企业具体使命与定位的建议[J].中国经贸导刊,2007(18).

黄群慧、余菁.新时期的新思路:国有企业分类改革与治理[J].中国工业经济,2013(11).

黄书猛.论市场条件下的国有经济规模[J].探索,2003(6).

黄绍松.新加坡国有资产管理体制及其对我国的启示[J].党政干部学刊,2003(4).

黄文杰.法国国有经济的管理及其改革[J].世界经济文汇,1987(3).

黄茂兴、唐杰.改革开放40年我国国有企业改革的回顾与展望[J].当代经济研究,2019(3).

胡家勇.国有经济规模的国际比较[J].经济纵横,2004(8).

纪玉山、张跃文.西方国有企业发展与改革历程及其对我国借鉴意义[J].东北亚论坛,2004(1).

姜树蔚.中国国有企业的分类改革问题[J].江淮论坛,1996(6).